跟谁都合得来

像大咖一样谈笑风生 走到哪里都受欢迎

张一龙 穆丙申 / 著

COMPATIBLE
WITH ANYONE

文汇出版社

图书在版编目（CIP）数据

跟谁都合得来 / 张一龙，穆丙申著.–上海：文汇出版社，2015.9
ISBN 978-7-5496-1543-8

Ⅰ.①跟… Ⅱ.①张… ②穆… Ⅲ.①人际关系学－通俗读物 Ⅳ.①C912.1-49

中国版本图书馆CIP数据核字（2015）第174828号

跟谁都合得来

作　　者 / 张一龙　穆丙申
责任编辑 / 甘　棠
特约编辑 / 東　枋
装帧设计 / 巴巴Design
出版人 / 桂国强
选题策划 / 蔡建光
出版发行 / 文汇出版社 上海市威海路755号 （邮政编码200041）
经　　销 / 全国新华书店
印刷装订 / 北京高岭印刷有限公司
版　　次 / 2015年9月第1版
印　　次 / 2015年9月第1次印刷
开　　本 / 710×1000　1/16　字数 / 210千　印张 / 16.5
书　　号 / ISBN 978-7-5496-1543-8
定　　价 / 32.80元

序一 / 搞好人际关系你就赢定了

诗人北岛曾经写了一首题为《生活》的诗，内容只有一个字——"网"。如今，这首世界上最短的诗，已经成为我们当前生活的真实写照：每个人都生活在"网"中，生活在或简单或复杂的人际关系"网"中。既然离不开"网"，我们就不能视而不见，一味津津乐道于他人的"网"而迟迟不肯编织自己的"网"。如何搞好人际关系，是每个人都无法回避的重要话题。

从某种意义上说，这个世界是由两种人组成的，那就是"别人"和"自己"，这两个概念象征的正是外界和内心。一个人真实地活在这个世界上，或每天忙忙碌碌为生计而奔波，或每天慵慵懒懒为消磨光阴而活着，不都是在外界和内心之间来回穿梭吗？有人说世界上最善良的是人，有人说世界上最残酷的是人，还有人说世界上最不可理喻的也是人……总之，对于人的看法众说纷纭，但是有一点大家达成了共识：人是一种非常复杂的动物，如果一个人既能了解别人，又能把握自己，就很可能成就一番事业。

作为群居社会中的一分子，我们一生大部分时光都不可避免又别无选择地要与形形色色的人打交道。要想在这纷纭复杂的社会上立足，我们必须练就一双能够看透人心的慧眼，尽量准确地判断人、识别人，亲近可交之人，远离奸佞小人。品酒只需一刻钟，品人需待十年功，真正认识一个人实属不易！老子说过一句众人皆知的名句："知人者智，自知者明"。这

跟谁都合得来

话的意思是说，认识别人的人机智，了解自己的人聪明。道理看起来很浅显，能做到的确实很难，因为人最善于伪装。由此看来，人与人之间的关系最难的还是相互之间的了解。

虽然知人难、知己更难，但并不是说不可以识别，毕竟世界上任何事情都有端倪可察。事实上，人们往往能看得到别人的短处，却看不到自己的不足；看别人都是豆腐渣，看自己就是一朵花。其实，当我们试图去读懂别人的时候，更应该经常审视自我、剖析自己，不断完善自身的短处和不足，从学习、工作到生活，再到人际交往。如果我们能轻松领会对方的心理，就可以实现完美的人际交往；如果我们能轻松调控自己的心理，就能使自己积极、乐观地对待所有问题。

人际关系是人与人交往关系的总称，是社会人群中因交往而构成的相互联系的社会关系，属于社会学的范畴。每个人都有自己独特的思想、背景、态度、个性、行为模式及价值观，然而人际关系对每个人的情绪、生活、工作有很大影响，甚至对组织气氛、组织沟通、组织运作、组织效率及个人与组织之关系均有极大影响。任何人要想取得成功，都必须先学会处理人际关系，都必须处理好人际关系。尤其是当今社会发展的速度越来越快，人际交往越来越频繁，如果我们处理不好人际关系，就可能会遇到很多麻烦。

那么，怎样才能处理好人际关系呢？现在，越来越多的人把心理学知识引入到了人际交往领域，这种方法是可行的，并且非常好。表面上看，交际是交际，心理是心理，两者似乎没有交集。但实际上并非如此，交际和心理两者之间存在着千丝万缕的联系：从理论上讲，人们在相互联系、相互作用的活动中，自然会产生某种行为——交际，以及直接承受交际行为作用的心理——交际心理。交际与交际心理存在着相互促进、互相制约的因果关系。一切交际行为既会促进交际意识的发展,又会调节交际心理;同样地,交际心理既是交际行为作用的结果,又可以影响交际行为的效果。正视交际与交际心理的这种关系,对于提升我们的交际效率是非常有益的。

可以说,人与人之间的交往,实际上就是人与人的心理交往。如果我们能够抓住对方的心理特点,就能够迎合对方的喜好,轻松地与之交流和沟通,并且赢得对方的好感;反之,如果我们不顾对方的心理需求,往往会导致人际关系紧张、尴尬,甚至出现矛盾冲突。那么,如何提升个人魅力指数,让他人更喜欢你?如何洞悉他人的心理,玩转大小应酬?如何在满足自己需求的同时,又能造福他人?如何发现人生道路上的"贵人"?如何不失风度地化解他人对你的敌意?在遇到困难时,如何让他人积极效力?如何让人脉为你服务,在职场上如鱼得水、游刃有余,继而改变平庸的命运?……只有跟谁都合得来的人,才具有如此无比强大的力量,在一言一行之间获得想要的一切。

《跟谁都合得来》根据人际关系的内在结构和人际交往的核心要素,以心理学的基本知识为依托,以心理分析为突破口,把对人际关系影响重大而又晦涩难懂的心理学概念掰开揉碎,并附以形象生动而又不失现实意义的故事加以说明,是一本通俗易懂、操作性强的适合普通大众的交际心理学通俗读物,适合不同年龄层次、不同性别以及不同文化层次的人阅读。本书以具体、细腻、灵动、隽永的笔触,详尽地阐述了人际认知、人际印象、人际魅力、人际冲突、人际沟通、人际交往等原理与技能,集学理性、应用性、通俗性、趣味性、故事性、文学性和文化性于一体,不乏哲理与文采,着实耐人寻味。只要你仔细阅读,就能练就许多了解别人并把握自己的心理智慧,使你在社会交往中给人留下好印象、拥有好人缘、讨他人喜欢、让别人信任,建立起良好的人际关系,搭建好自己的成功通道。

跟谁都合得来

真诚地希望《跟谁都合得来》能帮助每位读者,解决很多人际交往中遇到的困扰和难题。

王伟

序二 / 新关系开启新人生

动笔写这篇序言，我不禁心生无限感慨。想起十多年前，找不到工作，喝自来水，睡公园，睡马路；想起十年前，刚来西安这座城市，不认识一个人，不认识一条路；也想起这十多年来，给予我支持与帮助的父母、家人、领导、师长、伙伴与朋友……

生命是如此神奇，神奇到你根本不知道你会走近谁、谁会走近你，谁会出现在你的生命里。生命的每个当下，我们都在与万事万物连接，我们都在与人建立或发生关系。这些关系，或长或短，或深或浅，或拙劣或优良……组合成了我们的生命。于是乎，人际关系的品质，就决定了我们生命的品质。

平庸的人只有一条命叫性命，优秀的人有两条命，即性命和生命，卓越的人则有三条命——性命、生命和使命，分别代表着生存、生活和责任。人与人的差距，表面上看是财富的差距，实际上是福报的差距；表面上看是人脉的差距，实际上是人品的差距；表面上看是气质的差距，实际上是涵养的差距；表面上看是容貌的差距，实际上是心地的差距；表面上看人与人都差不多，内心境界却大不同。

很多时候，我们因为不懂得如何面对各种关系，或者说不善于处理各种关系，导致人生莫名遇到许多困境，生命在关系里挣扎，甚至饱受煎熬。

跟谁都合得来

很难想象,一个和父母、家人合不来的人,如何让家庭成员感到幸福?一个和爱人、伴侣合不来的人,如何在婚姻里体验快乐?一个和同事、伙伴合不来的人,如何带领团队经营事业?一个和师长、朋友合不来的人,如何在社会上取得进步?甚至,一个内心纠结、与自己都合不来的人,如何自我绽放生命中的精彩?

真正的人际,始于利他;真正的关系,始于接纳。"我能为您做点什么呢?"俨然已成为我的演讲口号之一,既不是迎合也不是讨好,而是内在的一种态度与标签。《跟谁都合得来》,看似方法,实则是意识;看似智慧,实则是心境;看似结果,实则是开始。

祝愿读者朋友们,跟谁都可以合得来,开启全新的关系,开启全新的人生!

序三 / 人脉就是成功的命脉

在好莱坞，有一句很流行的话："一个人能否成功，不在于你知道什么或做什么，而在于你认识谁。"其实，关键问题不在于你认识谁，而是谁认识你，你又能吸引谁来认识你。对每个人来说，人脉都不可或缺，人脉就像是人的无形资产。

如今早已不是单枪匹马的时代，每个人都要在合作中求生存，谁都不可能成为遗世独立的孤胆英雄。在这个社会分工越来越精细化的时代，每个人的能力往往都局限于一个或者几个有限的领域里，一个人即使再有能耐，也不过如一滴水之于大海。不管是商界精英、政治领袖或其他各界风云人物，还是一名默默无闻的小生意人，几乎无人不知人脉的重要性。单靠自己在黑暗中摸索，成功的希望微乎其微，善假物者才能登高望远。

从某种意义上来看，人脉可谓是一种非常有价值的能力。美国石油大亨约翰·戴维森·洛克菲勒在其全盛时期曾经非常感慨地说："与人相处的能力，如果能像糖和咖啡一样可以买得到的话，与其他能力相比，我会为这种能力付多得多的钱。"美国斯坦福大学研究中心的一份调查报告更是直接指出："一个人赚的钱，12.5%来自知识，87.5%来自人脉。"那么，人脉这种能力是如何炼成的呢？

人脉学提醒每一个人，"认识"只是形成人脉的基本条件，而非主要

跟谁都合得来

条件。形成人脉的内核是"灵魂契约",人与人交往并不是利益交换、互帮互助这么简单,绝大多数人都是感情动物,要有交情才好打交道。只有用心与人交往,只有深入别人的心灵,才能轻松打开封闭的心扉,才能了解别人内心的需要和想法,才能得到别人水到渠成的回应。粗俗的拉关系或者利益交换,只能是短暂的利益共生。我们不能把人脉资源当成生意来做,当你用心呵护人脉关系的时候,就没有到不了的地方,也没有谈不成的生意。换句话说,人脉的投资和回报有点特殊,投资的是心,回报的同样是心,利益只是附赠品。

成功不在于你是谁,而在于你认识谁,打通人际关系就打通了迈向成功的道路。关系就是资本,没有永远的敌人,化敌为友才能收获超高人气。人情就是财富,储存一份人情,就多一份助己之力。《跟谁都合得来》就是这样一把钥匙——一把开启人们心门的钥匙,可以帮你掌握对方的性格特质、洞察对方的心理需求、抓住对方的心理弱点、突破对方的心理防线、解除对方的心理包袱、赢得对方的心理认同……只要手握这把钥匙,你所有的努力就会有回报,也会让你在不经意间升级为人脉高手。

完整的人际关系包含三个阶段:发掘人脉,经营交情,出现贵人。人脉其实很简单,只要你懂得对方的心理世界;交情其实很容易,只要你愿意用心去经营。通过阅读《跟谁都合得来》,你可以轻松获得与各种各样的人和谐相处的秘密,利用行之有效的方法迅速营造圆融美满的人际关系,以四两拨千斤的神奇招数征服人心、凝聚人气,帮助你成为职场上、商场上、交际圈中最有分量、最受欢迎的人,进而成为牢牢抓住成功命脉的大赢家。

目录

 第1章 包装自我,提升个人魅力指数 > 001

在人际交往中,每个人都想做一个受人欢迎的人,然而有的人魅力四射,有的人却暗淡无光。也许你学识渊博,也许你能言善辩,也许你反应机敏,但未必能成为大家喜爱的人。那么,如何才能赢得人际交往第一回合呢?事实上,除了包装外在形象,内在修养也非常重要。如果说魅力是智慧,我们就必须不断磨炼智慧,这样才能获得好人缘。

 第2章 洞悉人性,满足他人内心需求 > 025

人性是所有人与生俱来、生而固有的普遍本性,如果我们忽视了人性最基本的心理需求,就会影响到我们的人际关系。我们有必要学习一些洞悉人性的心理智慧,有必要学会在人际交往中洞察他人的心理需求,学会以恰当的方式满足他人的心理需求,这样做可以使你在人际交往过程中如鱼得水。

 第3章 洞察人心,觉知他人内心世界 > 045

日常生活中最常见的困扰往往和人有关,学会洞察他人的内心世界是每个闯荡社会的年轻人都应当掌握的技能。不了解人心的人,走到哪儿都碰壁;能看透人心的人,生活才会拥有更多精彩。我们应该学习一些洞察人心的智慧,做个明白世态人心的人——听其言、观其行、察其心,否则我们必定会常常因为无法了解他人的本意而徒留许多遗憾。

第4章 感情投资,拓展人脉资源 > 067

现实当中很多人都知道人脉的重要性,却不知道如何获得有价值的人脉。其实人脉经营并不难,只要你巧妙地运用心理学广结善缘,就能获得许多人的友谊,建立雄厚的人脉资源,这样你的道路就会越走越宽,越来越顺畅。

第5章 结交贵人,踏上终南捷径 > 087

每个人的成长都离不开自己的不懈努力,但只靠自己是很难取得成功的,我们离不开一些人的帮助,这些能助人一臂之力的人通常被称为"贵人"。如果你还没有获得成功,有可能不是因为你没有才华,而是还没找到你的贵人。为了不使你被埋没,就要转被动为主动,勇于毛遂自荐,让贵人发现你,切不可坐失良机,让贵人与你擦肩而过。

第6章 攻心为上,有效说服他人 > 105

现实生活中,我们很多时候都需要说服他人:说服父母、说服领导、说服顾客、说服朋友……甚至当你面临威胁时,需要你临危不惧地巧妙使用说服技巧,使歹徒放弃恶念恶行,避免造成严重的恶果。可是,如果不懂得说服的技巧,就难以达到理想的效果。只有把握好说话的分寸,才能把话说到他人心里去,才能有效达到让他人听取你意见的目的!

第 7 章　放低姿态，化解人际矛盾　> 129

只要人与人之间存在交往，矛盾的产生就不可能避免。人与人之间观点的不同，志趣的差异，个性的抵触，或者是偶尔的误会，都有可能使双方发生冲突。如果不能及时化解冲突，就会导致双方关系紧张，甚至产生其他争端，使双方的矛盾加深。因此，保持良好的人际关系要尽量化解矛盾，及时打破僵局、消除隔阂。

第 8 章　求人办事，顺心顺意顺利　> 149

世上没有办不成的事，只有不会办事的人。求人办事要讲究策略和方法，你首先得用语言感动人、说服人、感染人，只有在达到共鸣的基础上，才能缩短彼此的距离。总之，你得让别人从心理上认可你，才可能从行动上去帮助你，让你顺心顺意顺利办成事。

第 9 章　阳光心态，让你左右逢源　> 171

为人处世是一门大学问，人际交往是这门学问中的重要章节。想要在社交场合左右逢源，必须有意识地寻找和采用必要的手段、途径，悉心调适好你的情绪，极力塑造健康向上的阳光心态，才能让你从容面对一切，讨人喜欢，得人青睐，获人效力。

第 10 章　八面玲珑，获得领导器重　> 189

领导是单位里的核心人物，你可能心里不喜欢，但不能不搞好关系。只知道埋头做具体工作，如果不注意跟领导的关系处理，必将影响到你的工作情绪，甚至是你的发展前途。因此，在职场只知道努力工作是不够的，还要懂得如何与领导融洽相处，建立良好的人际关系，让领导喜欢你、器重你、提拔你，这样你在职场上才能游刃有余。

第 11 章　运筹帷幄，让下属争创一流　> 211

如果上司喜欢端着架子显示自己的权威，这样做往往会疏远下属，使得下属不敢轻易接近，给工作上的沟通和交流造成了障碍。作为一位上司，要想树立起上司形象和良好声誉，得到下属的服从和爱戴，就必须掌握下属的心理，了解下属的需求。只有这样做了，下属才会服从安排、配合工作，积极出谋划策，为组织贡献力量。

第 12 章　以和为贵，与同事和谐共处　> 231

同事既是合作伙伴又是竞争对手，有时候还会出现利益冲突。如果处理不好和同事之间的关系，必将影响到你的本职工作，还会给你的生活增加烦恼和压力。在工作中与同事搞好关系，一定要以和为贵，做到与同事和谐共处。良好的同事关系能让你工作起来更舒心，也更容易获得成功。

第1章
包装自我,提升个人魅力指数

在人际交往中,每个人都想做一个受人欢迎的人,然而有的人魅力四射,有的人却暗淡无光。也许你学识渊博,也许你能言善辩,也许你反应机敏,但未必能成为大家喜爱的人。那么,如何才能赢得人际交往第一回合呢?事实上,除了包装外在形象,内在修养也非常重要。如果说魅力是智慧,我们就必须不断磨炼智慧,这样才能获得好人缘。

跟谁都合得来

形象包装，迅速提升自身价值

大多数人对于陌生人的第一印象往往来自表征性启发，做好"面子工程"和形象包装可以让人觉得你很有价值。

每个人在他人心目中都会有一个心理价值，这个心理价值因人而异，同一个人在不同人心目中，心理价值也是不一样的。但是，有一点必须承认：你在别人心目中的心理价值越高，你被重视和善待的概率就越大。那么，如何提升自己的身价呢？靠包装。

美国销售心理专家路易斯·切斯金曾经做过一个实验：为了检验新洗衣粉的包装设计对于产品销量的影响，他找到了一些家庭主妇，给她们每人三袋不同颜色包装的洗衣粉，让她们连续使用数星期，然后告诉他哪种洗衣粉的清洁效果最佳。其实这三个袋子里装的是同一种洗衣粉。

几星期后，接受测验的家庭主妇们把各自的答案写了下来。经过统计分析，切斯金发现：家庭主妇们认为三个袋子里的洗衣粉有着完全不同的清洁效果，很多家庭主妇都表示黄色袋子中的洗衣粉洗涤强度太大，会损伤衣物。

为什么同一种洗衣粉放在三种不同颜色的包装中，给人的感觉就不一样了呢？切斯金解释说，由于产品的包装不同，往往会影响消费者对其品质和功能的判断，他将这种现象称为"人的非合理性倾向"。这个倾向不仅出现在消费领域，也适用于人际印象的判断中。鉴于此，我们平时一定要做好自己的形象包装，并时不时地给自己做一做广告。

也许你会觉得这是一个荒唐可笑的行为，因为在我们的传统印象中，一个人的价值应当由能力和实力来决定，靠包装只是一种哗众取宠的伎俩。道理固然说得不错，但是试问一下：别人第一次见到你或是对你了解不深的时候，怎么能一眼就看出你的能力几何，价值几何呢？

从心理学角度来看，我们对陌生人的第一印象大多数来自于表征性启发。由于每个群体都有独特的行为风格，也总有一些共同特征。因此，我们在与人交往时，往往会根据一个人的外在特征和行为表现来推知其心理状态、行为动机和人格特征等，并由此对交往对象形成一个人际形象定位，这个过程就是表征性启发。比如，人们通常会认为戴眼镜的人都有一定的知识和修养。当我们面对一个不了解背景信息的人时，表征性启发往往会给我们指明一个大概方向——通过对方外在的衣着打扮来判断其各种基本信息。虽然这并不一定准确，但是人们快速知觉一个人的高效方法。在如今这个时代，形象包装具有不可忽视的作用，不单单是外在形象的包装，也包括对一个人的家庭背景、工作职务和社会经历等的包装。如果不重视形象包装，只会让你的身价大打折扣。

在电视剧《婆婆、媳妇和小姑》中有这样一个情节：媳妇在一家服装进出口公司当秘书，她穿着自己已经丢弃又被婆婆捡回来缝补好的长筒丝袜，接待日本公司谈判代表。日本客户对这家服装进出口公司的产品赞不

跟谁都合得来

绝口，表现出非常满意的神态，可就在秘书转身的一刹那间，看到了她穿着已经抽丝的长筒丝袜。结果，这桩生意彻底落空，秘书也被炒了鱿鱼。

无独有偶，T先生担任美国S公司总裁以后，想起本公司六年前曾准备和C公司合作一个项目。这个项目对双方都非常有利，但就在正式履行合同之时，C公司董事会突然中止了这个项目。T先生抱着试试看的心态，给C公司总经理打了一个电话，询问中止这个项目的原因。C公司总经理找到这个项目的所有档案，看到最后一页写着："S公司派来进行决定性谈判并将负责此项目的高级副总裁穿得像小丑，一副失败者的沮丧模样。C公司董事会成员一致认为，在这个项目上与这样的公司合作是不恰当的。"

以上两例充分说明，形象上的失误会使很好的合作机会功败垂成。不仅在商务谈判中，日常生活中也是如此。对自己进行形象包装，可以给别人留下良好的第一印象，从而提升自己的价值，提高成功的概率。

在日常生活和工作中，你不妨对自己进行形象包装，比如完善自己名片上的头衔，或者将自己的外在形象打扮得更有身份，这是你提升身价最快捷的方法。不要对这样的"面子工程"不屑一顾，有时候你焚膏继晷多年还不如给自己做一次形象包装。

牢记名字，顺利敲开交往之门

记住并叫出别人的名字，是构筑良好人际关系的重要方法。如果你总是用"喂"或"那个谁"跟人打招呼，也就不会有人记得你的名字和你这个人，而你的人际关系只会变得很糟糕。

美国历史上唯一蝉联四届总统的富兰克林·德拉诺·罗斯福曾经说过："交际中,最明显、最简单、最重要、最能得到好感的方法,就是记住对方的名字。"千万不要小看这一点,正是这种能力使得小吉姆·法莱帮助富兰克林·德拉诺·罗斯福顺利入主白宫,当上了美国总统。

早年间,小吉姆·法莱先是一家石膏公司的推销员,后来在家乡小镇上担任乡间公务员,当他每天四处奔波时,找到了一种记住别人名字的有效方法。他每接触到一个陌生人,总会问清楚对方的姓名、职业,家中有几口人,所持的政治观点,并认真记住这一切,将这些信息和对方的面貌联系起来。当他下次再遇到那个人,即使已经过了一年时间,他也能够拍着对方的肩膀,问候对方的家人和庭院的花草等。

在富兰克林·德拉诺·罗斯福开始竞选总统的前几个月,小吉姆·法莱一天要给西部和西北部各个州的人写好几百封信。再后来,他用马车、火车、汽车、快艇代步,19天之内行程1.2万公里,到过20个州。每到一个城镇,他都会和前来见他的人共进早点、午饭或晚餐,和他们亲切交谈,然后再奔向下一站。

等小吉姆·法莱回到东部之后,就立刻给他所到过的每个城镇中的一些人写信,请对方帮忙将与他谈过话的人的名单寄给他。然后,他整理好这些名单,上面的名字已经多得数不清了,但他还是会给名单上的每个人都写一封私人信函。他总是在信中对对方大加赞扬,而且这些信函都是用"亲爱的××"开头的,结尾也都签着他的全名。

小吉姆·法莱认为,普通人对自己的名字总是最感兴趣的,如果能记住一个人的姓名,并且能很容易地叫出来,对这个人来说就是一种巧妙而有效的恭维。历史上,法兰西第一帝国皇帝拿破仑·波拿巴经常在军营中走动,每当他遇到某个军官,总能很快就叫出对方的名字,并很热情地和

跟谁都合得来

对方打招呼，谈论对方参加过的某场战斗或军事调动。拿破仑还经常询问士兵的家乡、家庭情况，这种做法让他的部属都感到十分吃惊：伟大的皇帝竟然对他们了如指掌。拿破仑让他所见到的每个将士都能从彼此的交谈中感到他对自己十分在意、十分重视，从而使得他们对拿破仑忠心耿耿、甘愿效劳。

由此可见，善于记住别人的名字，不仅是一种礼貌行为，也是一种情感投资。姓名是一个人的标志，每个人都将自己的名字看得很重要。出于自尊的需要，人们总是十分珍爱和重视自己的名字，同时也希望别人能给予尊重。美国著名人际关系学家戴尔·卡耐基告诫世人，如果你想要别人喜欢你，"记住一个人的名字，对他来说是所有语言中最甜蜜、最重要的声音"。

在现代社会，由于生活节奏快，我们有时候会遇到这种事情：两个人再次见面，却忘记了对方的名字。发生类似的情况，如果是在比较重要的场合，或许就会错失一个良好机会。在人际交往中，牢记他人名字是一件简单的事情，又是一个能让我们快速获得好感的方法，有时候甚至会有意外收获。

一位师范毕业生到某中学实习，在短短一个月时间里，他和学生们建立了十分深厚的感情。在实习结束的欢送会上，他并未发表什么讲演，也没有留下什么让人感动的话语，而是含着眼泪一口气背出了全班48名同学的名字！这让在场的学生既感到十分惊讶，又感到十分激动，他们不停地为他鼓掌。在这所学校参加实习的师范毕业生中，他是最年轻的一个，也是上课时间最短的一个，然而他却在同学们心中留下了永不磨灭的印象。后来，这个班上的一位学生也当了教师，而且每年都当班主任，他也试着学习那位实习老师的做法，新学年接班第一件事就是记住每个学生的名字。

这个办法的确十分有效，不到一星期时间，他就和全班学生建立起了感情，从而使得他的工作开展的非常顺利。15年后的今天，仍然有许多当年的学生和他保持着联系。

我们应该看到一个名字所包含的奇迹，并且要了解名字是完全属于与我们交往的这个人，没有其他人能够取代。名字能使人出众，我们所有的要求和所要传递的信息，只要是从记住并叫出对方的名字入手，就会显得特别重要，常常能够产生奇效。这是因为，名字与一个人的自尊密切相关，聪明人只需对他人的名字表示尊敬，就能够轻易地获得他人的尊敬与好感。

因此，当你与曾经相识的人再次相见时，如果你能快速又热情地喊出对方的名字，对方一定会感到十分亲切，顿时对你产生好感。日本著名教育心理学家多湖辉在《攻心致胜术》中指出："想记住对方的名字，在谈话中要尽量称呼对方的名字，而且在谈话中要一再使用对方的全名。"因此，在我们刚认识一个人的时候，要想快速记住对方的名字，就需要在交往过程中反复提及对方的名字，这样就更有可能让对方的名字存储于我们的大脑中。

然而，如果再次见面时忘记了对方的名字，只是觉得彼此似曾相识，就再次向对方请教"尊姓大名"，那么双方都会感到十分尴尬，肯定也不利于谈话顺利进行。如果真的忘记了对方的名字，请你尽量不要像第一次见面那样直接询问，否则对方会觉得自己被忽视了，没有得到应有的尊重。遇到这种情况，你应该尽量与对方交谈一些首次见面时的情形，如果实在回想不起来了，可以用比较委婉的方式告知对方，或者直接向对方坦率地承认自己的失误，至少会给对方留下真诚、坦率的印象。

跟谁都合得来

称呼得体，一开口就吸引对方

称呼是礼仪的开始。用什么称谓称呼人，既有个礼貌问题，也有个态度问题，同时也反映出彼此之间的关系。因此，要想给人留下好印象，就要在称呼上下功夫，从称呼上打动别人。

在人际交往中，称呼别人是必不可少的，也是十分必要的。无论是普通老百姓、企业管理者或身居要职的领导人，都需要很好地掌握称呼别人的艺术，能够根据对方的性别、年龄、职业、身份、地位和所处的不同场合而选择恰当的称呼。

一个年轻人驱车赶路，忽然看见人车稀少的公路边有位老汉经过，便停下车高声喊道："喂！老头儿，这里离旅店还有多远？"老汉回答说："五里！"年轻人急忙赶路去了，结果一气跑了十多里，仍然不见人烟。年轻人心想，这老头儿真可恶，一把年纪了还说谎骗人，非得回去教训他一番不可。年轻人一边想着，一边自言自语："五里，五里，什么五里！"猛然间，他醒悟过来了，"五里"不正是"无礼"的谐音吗？于是，他掉转车头往回赶，追上那位老汉以后，急忙亲热地叫了声"老大爷"，谁知他话还没说完，老汉便说："附近根本没有旅店，如果你不嫌弃的话，可以到我家住一晚。"

从这则故事可以看出，如果在人际交往中不能准确又得体地称呼对方，就一定会引起对方内心的不满与厌恶。俗话说："良言一句三冬暖，恶语伤人六月寒。"对别人的称呼是沟通人际关系的信号和表情达意的手段，使用合情合理的称谓是对他人的尊重，可以使对方感到十分亲切，继而使双方的交往更加亲密，沟通更加顺畅。

亲属之间，对长辈应以亲属称谓相称，如爷爷、奶奶、爸爸、妈妈、姑姑、舅舅等，称呼长辈的姓名、职务、身份、职业等都是不礼貌的。平辈之间，可以相互用亲属称谓或加排行序列称谓相称，如大哥、二姐、小妹等。夫妻之间可以姓名相称，俩人单独在一起时也可用昵称，但不宜在父母面前、孩子面前、公开场合使用。年长的平辈可以直接叫年少者的名字，倘若年少者已经成年，使用亲属称谓比较礼貌。对于晚辈，可称呼其亲属称谓，也可直呼其名，这样显得比较亲切。

对于关系比较密切的熟人，可大致仿照自己亲属的性别、年龄、身份等来确定相应称呼，也可以"姓加亲属称谓""名加亲属称谓""姓名加亲属称谓"称呼。在一些公开的正式场合，可以称呼熟人职务、职业，也可以"姓加职务、职业称谓""名加职务、职业称谓""姓名加职务、职业称谓"相称。年纪较大、职务较高、辈分较高的人经常对年纪较轻、职务较低、辈分较小的人直呼姓名，这种称呼明快直爽；反之，年纪较轻、职务较低、辈分较小的人对年纪较大、职务较高、辈分较高的人直呼姓名，那是不礼貌的表现。不称姓而直呼其名，是最亲切、最随便的一种称呼，但只限于长者对年轻人、老师对学生或关系亲密的人之间，没有这种特殊关系而直呼他人姓名就很不礼貌，甚至令人生厌。

对陌生人的称谓，一般可以采用以下方法：一是用通称。可根据对方的性别、年龄、职业等情况称"同志""先生""女士"等。对男士一般可以称"先生"，成年女性都可以称"女士"。二是以亲属称谓相称。可根据对方的性别和年龄，以祖辈、父辈、平辈的亲属称谓相称，如"大爷""大娘""叔叔""阿姨""大哥""大姐"等。

跟谁都合得来

1972年,周恩来总理在欢迎美国第37任总统理查德·米尔豪斯·尼克松的招待会上这样称呼:"总统先生,尼克松夫人,女士们,先生们,同志们,朋友们!"这种称谓显得十分客气、周到,而且出言有序,表现出了外交家的风度,是很好的社交典范。

一个小小的称呼,是人际交往中最基本的礼仪,不仅能够体现个人修养,还能表达出你对他人是否尊重,并影响到双方的交往能否顺利进行。在人际交往中,掌握并使用得体的称谓语言非常重要,如果不知道该如何称呼别人,那就留心听一听别人是怎么称呼的,千万不能冒冒失失地胡乱称呼对方。如果实在搞不清楚该怎么称呼,你可以彬彬有礼地告诉对方:"真对不起,咱们初次见面,不知道该怎么称呼您呢?"正所谓不知者不怪,对方见你这么谦虚有礼貌,一般就会告诉你该如何称呼他。

称呼得体最关键的是要做到称谓符合身份,既可以对方的职业来称呼,也可以根据对方的身份来称呼。在不了解对方究竟是什么身份时,采用以性别相称的"×先生""×女士"或者"×老师"(当对方比你年龄大、资历老时),不失为一个权宜之计。特别是后者,既能表示尊敬有礼,又不会让别人觉得不妥。尤其是在文化艺术界,这样的称呼更为得体。得体的称呼还应当符合年龄,对年长者的称呼要恭敬有礼,可以敬称"老李""老张";若是德高望重的年长者,可以将其姓后加一"老"字,这种称呼是一种尊称,如"李老""张老"。

此外,得体的称呼要考虑到彼此之间关系的亲疏远近。例如,与关系要好的朋友、同学、同事见面时,还是直呼其名显得亲切,如果一本正经地冠以"先生""女士"之类的称呼,反而会显得关系很疏远。另外,称呼任何人时都要注意用自己的表情和声音让对方感觉到你非常热情、落落大方,比如在公共场合称呼社会地位较高的人时,眼神、表情、语音、腔调等都非常重要。

恰当而准确地称呼他人，会给初次见面的人留下深刻印象，使对方很乐意和你继续交往。不同的地域，不同的生活习惯，造就了各种方言，首先需要注意的是方言间称呼的异同。各个不同的国家和民族对他人的称呼都有一些独特习惯，汉族语言中的称呼语相对于其他民族语言中的称呼语要复杂得多，在实际应用当中要注意遵从习惯用法。

其次，要注意口语和书面语的区别。口语相对于书面语而言，显得通俗、随便、更加亲切。现代汉语中，同一个对象往往有口语和书面语两种称呼，例如爸爸（口语）、父亲（书面语）。如果面对适用口语称呼对象时，使用了书面语中的称呼语，就会显得很生硬、不自然、不亲切。然而，书面语中的称呼语可以作为他称用语出现在口语中，如"我的祖父""你的母亲"等。

第三，要注意语言环境和称呼对象的不同。对于比较熟悉的人，使用称呼语可以随便一点儿，甚至可以叫别人的小名、绰号，夫妻、恋人之间私下里还可用昵称，这样显得比较亲切自然，可以增进彼此之间的感情。但是，在公众场合叫别人的小名或绰号，就会显得不严肃、太放肆。对不太熟悉的人，对前辈、领导和师长，都不宜称呼小名或绰号，否则会显得不尊敬、不庄重。因此，我们在使用称呼语时，应当特别注意语言环境和称呼对象，要做到灵活自如。在不同语境中，针对不同的称呼对象，应采用能恰当体现双方之间关系的称呼语。

嘴甜的人不吃亏，还可以为自己赢得尊重和称赞。在称呼别人绰号时要切记：格调不高的绰号是任何人都很忌讳的称呼，不要把它时常挂在嘴上，说多了会拉开彼此的心理距离，影响人际交往中的感情，尤其是第一次交往，一定不能叫别人的绰号。

跟谁都合得来

笑脸迎人,你的微笑价值百万

微笑是阳光,可以驱散阴霾;微笑是春风,可以驱散寒冷。微笑虽然无声,却可以表达高兴、赞同、尊敬、同情、感谢等信息。

微笑是一种能使人感到轻松愉快的表情,它可以瞬间缩短人与人之间的心理距离,在人际交往中具有非常重要的作用。尤其是在和陌生人第一次交往的时候,请别忘记时刻带上微笑,把微笑挂在脸上能够迅速提升你的个人魅力,使人际交往变得顺畅。

微笑到底能产生多大效果?美国密西根大学心理学教授麦克尼尔博士曾经发表过这样的看法:"面带微笑的人,比起紧绷着脸孔的人,在经营、贩卖以及教育方面,更容易获得效果。微笑比绷紧的脸孔,藏有更丰富的情感。"

在飞机起飞前,乘客李先生向一位空姐要杯水吃药,这位空姐承诺在飞机进入平稳飞行状态后会立刻把水送过来。可是,在飞机进入平稳飞行状态后很长一段时间里,这位空姐仍没有把水送过来,焦急等待的李先生不得不再次摁下了服务器。这位空姐发现李先生有帮助需求后,立刻意识到自己的工作出现了失误,她很快端着一杯水来到李先生面前,微笑着向他道歉:"先生您好,实在对不起,由于我一时疏忽,耽误了您的吃药时间,我感到非常抱歉。"然而,李先生并没有接受她的解释,而是说一定要投诉她。为了弥补自己的过失,这位空姐给其他乘客服务时,都会面带微笑地询问他们是否需要水或其他服务。

飞机即将到达目的地，李先生要求这位空姐把意见登记簿给他送过去，她以为李先生真的会投诉她，心里感到很不安。当所有乘客离开后，这位空姐打开意见登记簿一看，发现李先生是这样写的："你真诚的道歉和十二次微笑深深打动了我，使我最终决定将投诉信写成表扬信！你的服务质量很高，下次如果有机会，我还将乘坐你们的这趟航班。"据李先生在事后写下的文章中说，当这位空姐第二次向他微笑时，他认为道歉是应该的，没有什么特别的感觉；当这位空姐第三次向他微笑时，他要投诉的念头有点动摇了，开始想原谅她在工作中的疏忽；当这位空姐第四次向他微笑时，他已经彻底原谅了她；当这位空姐第五次向他微笑时，他开始怀疑自己先前要投诉的想法是不是有点太过分了。最后，在快要下飞机之前，李先生特意在意见登记簿上表扬了这位空姐"优秀"的服务。

这就是微笑的神奇力量，它可以使一个人的心情由不满到愉快，成功地弥补一时疏忽造成的重大失误。美国钢铁大王安德鲁·卡内基的高级助理查尔斯·史考伯曾经说他的微笑值100万美金，史考伯能够取得成功是因为他集性格、魅力和才能于一身，但他那动人的微笑确实让人好感倍增。

英国古典经验论的始祖弗朗西斯·培根有句名言："含蓄的微笑往往比口若悬河更为可贵。"在人际交往过程中，大家都有一个共同期待，希望看到他人的笑脸，对于那些性格孤僻、表情冷漠之人，总是避而远之。因此，经常保持微笑的人能建立起良好的人际关系，能拥有广泛的人脉资源，总是有着众口交赞的口碑，干起事业来自然一帆风顺。朋友，如果你想拥有成功的人生，请从保持微笑开始！

王鹏飞在一家证券公司工作，给人的感觉总是深沉而严肃，从早到晚很难在他脸上看到一丝笑容。他在这家证券公司工作了很多年，不管是老同事还是新同事，几乎没有一个能跟他合得来。他没有一个亲密朋友，总

跟谁都合得来

感觉自己孤独无聊,别人却觉得他是一个脾气古怪的人。他的婚姻生活更是一塌糊涂,与太太结婚都十多年了,日子过得枯燥无味,更谈不上亲密无间的感情,有时候就像两个毫不相干的人。

十多年来,王鹏飞从起床到离开家这段时间里,很少能主动和他太太说几句家常话,家里的气氛沉闷得让人透不过气来。一天早晨,他照例开始上班前的清洁整理,突然从镜子里看到自己绷得紧紧的面孔,深沉阴森得像古老的木乃伊。他吓了一跳,心中开始惶恐不安起来,这张古板的面孔谁看了愿意接近呢?他决心改变这种状况,于是就对着镜子跟自己说:"从这一刻开始,你必须要放开这张深沉的面孔,换成一张充满微笑的脸!"

这时,太太像往常一样招呼王鹏飞去吃早餐,他立刻回答说:"亲爱的,我马上就来,谢谢你每天费心为我做早餐。"说着便微笑着走了过去,谁知他太太一下子愣住了,半天都没反应过来,疑惑地问:"亲爱的?你今天是怎么了?"王鹏飞面带笑容,温柔地对太太说:"以后我们每天都要过开开心心的日子。"

王鹏飞兴冲冲去上班,走到证券公司大门口时,他微笑着对年轻的门卫说:"早上好!"直到走进办公室,他已经热情地与好几个人打过招呼了。不久,他就发现每个人见到他时,都会向他微笑。对于那些和他请教工作的人,他以真诚的态度帮他们排忧解难,无形中将很多棘手的事情变得容易解决了。

王鹏飞越来越有人情味,周围的人都觉得他跟过去已经是完全不同的两个人了,而他自己活得也更快乐、更充实了。

这则故事中的王鹏飞原本是一个深沉、严肃、呆板的人,只因为他对镜反思,悟出了以前的过失,决心从此经常保持微笑,结果他的夫妻关系、同事关系、社会关系、自我心理……都发生了可喜的变化,而这一切都是从他学会笑脸迎人开始的!

微笑往往比语言更有感染力,它是放之四海皆准的人际交往高招,有心理学家甚至认为微笑是衡量一个人对周围环境适应的尺度。所以,不管是讲什么样的理、办什么样的事,一定要做足微笑的功课。"巴掌不打笑脸人",没有人会拒绝微笑,即使是陌生人也会被我们的微笑打动。善于用微笑创造让人心情愉悦的社交环境,不仅可以增强别人对你的好感,还能让对方心悦诚服地接受你的观点、办成你要办的事情,何乐而不为呢?

巧选话题,拉近彼此间的距离

在人际交往中要善于选择话题,让他人对你的谈话感兴趣,才能拉近彼此间的距离。

与人交谈最困难的是讲什么话题,一般来说第一个话题是最不容易的,因为你可能不了解对方的性格、爱好和品性,又受到时间短暂的限制,不容许你多做了解或考虑,又不宜冒昧唐突。

两个从未谋面的人初次相见,如果一个人独自说得口若悬河,对方却一直眉头紧蹙,根本就对所说的话题不感兴趣,那么不管这个人说得多么精彩,这次会面也会因为一方的匆匆离去而结束。在人际交往中,如果能够稍微用点儿心思,想办法拉近彼此间的距离,定能引起对方的好感。

英国女王伊丽莎白二世到日本NHK访问时,负责招待她的NHK董事长野村忠夫做了一件颇为令人深思的事情。在见到伊丽莎白女王之前,他曾经仔细考虑了很久,就是如何招待这位贵宾。这时,一些有关伊丽莎白

跟谁都合得来

女王的生活点滴进入了他的视野,他想到了伊丽莎白女王的爱犬——杜宾狗,浅浅的微笑马上浮现在他多日愁眉不展的脸上。双方会晤当天,他系的领带图案是一只和伊丽莎白女王爱犬同种的狗,因此伊丽莎白女王在一见到他时,立即主动热情地迎上来和他握手。

美国著名人际关系学家戴尔·卡耐基在《人性的弱点》一书中说:"想钓到鱼,就要问问鱼儿想吃什么。"在上面这个案例中,野村忠夫事先对伊丽莎白女王做了一定了解,并根据所获得的信息做出分析,判断出对方的兴趣和爱好,从而抓住了对方的心理,拉近了彼此间的距离,再谈别的事情就容易多了。

这种借用话题的谈话方式并非一成不变,而是要因人因事而异,这就要求我们能够选准话题,最好的方法是抓住谈话对象的心理,从其易于接受或乐于称道的事物入手觅取话题,攻破对方的心理防线。

日本东京有一家美容院,生意兴隆为当地之冠。有人去打听他们生意兴隆的原因,美容院老板坦率地承认,完全是由于他们的美容师在工作时喜欢和顾客交谈的缘故。怎样才能使美容师说的话让顾客感兴趣呢?"简单得很",店主人说,"我每个月都会把各种报纸杂志买回来,规定每个职员在每天早上工作之前一定要阅读,就当日常功课一样。这样一来,他们就会获得最新鲜的谈话材料了,自然也会博得顾客的欢心。"

在与人交谈过程中,假如你能聊到对方感兴趣的话题,对方就会投入更多的谈话热情。只有将话题引到对方感兴趣的事情上,让对方在表面上主导这场谈话,我们才能有效避免人际交往中经常会遭遇的麻烦,并且能使自己快速赢得对方的信任,进入其交际圈。很多成功人士都承认,这是与素不相识的人交谈的唯一策略。当我们巧妙地选择好对方感兴趣的话题时,对方就会不由自主地乐意与我们交谈。

事实上，有很多人因为忽略了这一点，最终导致人际交往惨遭失败。其实，我们很容易就可以发现大多数人失败的原因，就是因为他们在人际交往中只喜欢滔滔不绝地谈论自己感兴趣的话题，让别人根本插不上嘴。聪明人是不会这样做的，他们往往会给他人提供展示自己的机会，一旦发现他人感兴趣的话题，就会把话语权主动交给他人，以此来满足他人的自尊心。

并不是每个初见者的心理我们都能知晓，在此情况下应尽可能寻找共同话题，每日新闻、日常琐事、书刊杂志等都是很好的话题。著名作家丁·马菲提醒世人："尽量不说意义深远及新奇的话语，而以身旁的琐事为话题作开端，是促进人际关系成功的钥匙。"

善于倾听，是赢得好感的关键

倾听对于说话者来说是一种尊重，尊重别人也就是尊重自己，所以善于倾听的人能够博得他人的喜爱，赢得他人的好感。

在人际交往中，倾听是人们建立和保持人际关系的一项最基本的沟通技巧。接待员要清楚来访者希望见谁，销售员要了解客户的心理需求，下属要领会领导的真正意图……这些，都离不开倾听。英国管理学家 L. 威尔德说："人际沟通始于聆听，终于回答。"没有积极的倾听，就没有有效的沟通。美国著名人际关系学家戴尔·卡耐基认为："在沟通的各项能力中，最重要的莫过于倾听的能力。滔滔不绝的雄辩能力、察言观色的洞察力以及擅长写作的才能都比不上倾听能力重要。"

跟谁都合得来

倾听是人际关系的基础，是我们获取更多信息、正确认识他人的重要途径。古人曰："听君一席话，胜读十年书。"如果一个人总是张着嘴说，学到的东西会很有限，了解的真相也会少得可怜；相反，如果一个人善于倾听，乐于分享别人的信息与情感，别人也会乐于给出宝贵建议。由此，你会学到很多思考问题与解决问题的新方法。

一家大公司的首席执行官（CEO），任职初期对该行业的独特性知之甚少，当下属需要他的支持时，他几乎无法直接给出任何建议。庆幸的是，他深谙倾听的技巧，不论下属问到什么，他总是回答："你认为该怎么做呢？"通常经他这么一问，下属便会提供各种可能性。在倾听下属说话时，他了解到很多详细情况，就可以依据以往的成功经验，帮助他们做出正确的选择。最后，他的下属总是满意而归，心里还对他佩服不已。

用心倾听不仅是一种礼貌行为，也是尊重说话者的表现，更是对说话者最好的恭维。倾听能让你了解你的沟通对象想要什么，什么能够让对方感到满足，什么会伤害或激怒对方。有时候，即使你不能及时提供对方所需要的，但只要你乐于倾听，不伤害或激怒对方，就能实现无障碍沟通，最终创造性地解决问题。

1965年，日本经济低迷，市场环境很不好，松下电器公司的销售行与代理店受到严重影响，全部陷入困境。松下幸之助决定彻底检讨整个销售体制，但这一决定遭到了部分销售行与代理店负责人的坚决反对，而且反对的声浪日渐高涨。

在这种情况下，松下幸之助召集了1200家销售行与代理店的负责人进行磋商。为了更好地倾听反对者的声音，更有效地与他们进行沟通，松下幸之助在会议一开始就说："今天召开这个会议，是想知道大家对于变革销售体制的想法，请大家各抒己见。"说完，松下幸之助就请那些持反对意见的负责人轮流发表意见,在他们发表各自意见时,他一言不发地静静坐在一旁认真倾听,等所有人的发言都结束了,他才详细说明了新的销售体制的推行目的及方法。令人惊讶的是,那些销售行与代理店的负责人并没有站出来反对他的改革举措,反而对新方案表示理解与支持,同意全国推行。

应该说,这次会议之所以能取得成功,是松下幸之助善于倾听的结果。通过认真倾听,松下表达了对销售行与代理店负责人的尊重和理解,消除了反对者的不满,赢得了他们的理解与支持。俗话说:"只有很好地倾听别人的,才能更好地说出自己的。"如果说沟通艺术是听与说的艺术,那么倾听就是跃居首位的艺术。成功人士大多善于倾听他人的想法,以此促进沟通、获取信息、吸收营养。

日本前首相田中角荣口才很好,是名噪一时的"名嘴",非常善于在街头与支持他的民工做沟通,即使用"倾倒所有人"来形容他的沟通魅力也不为过。许多人对田中角荣非凡的沟通才能都很好奇,有关人士对他进行了仔细分析,结论是他具有"听话"的涵养。原来,相比一般的国家领导人,田中角荣更加重视民意,他每天都会一视同仁地接见普通民众,即使是一些细微的事情,也会做到认真倾听。这种认真倾听各种意见的态度与习惯,让田中角荣从民众那里获得了很多真实信息,让他清楚地知道什么是民意,什么样的话能打动民众,同时也获得了大家的尊重和爱戴。

找准位置,善于经营自身优势

每个人身上都存在优势和劣势,不可能面面俱到。与其费尽心机改变

跟谁都合得来

劣势，不如努力将优势发挥到极致，这样你的魅力必将得到很大提升。

每个人都有各自独特的优势，只要我们能够找到发挥自身优势的方向，辅之合理又有效的学习，就能取得应有的成绩。后人将这种现象称为"瓦拉赫效应"。

诺贝尔化学奖获得者奥托·瓦拉赫的成才过程极富传奇色彩。上初中时，父母为瓦拉赫选择了文学道路，和化学没有一点儿关系。一个学期之后，文学课老师的评价是："瓦拉赫很用功，但过分拘泥。这样的人即使有着完美的品德，也绝不可能在文字上发挥出来。"父母见文学之路行不通，又让瓦拉赫改学油画，然而他的油画成绩在班上名列倒数第一。面对这样一个"笨拙"的学生，大部分老师都觉得瓦拉赫成才无望，只有化学老师认为他做事一丝不苟，具备做好化学实验应有的素质，于是建议他改学化学。令人意想不到的是，瓦拉赫的智慧之火一下子被点燃了，这位文学艺术方面的"不可造就之才"，突然间变成了化学领域中"前途无量的高才生"。后来的事实充分证明瓦拉赫并没有选错道路。

"瓦拉赫效应"在教育子女方面的启示尤为重大：在孩子中间根本不存在所谓的"差等生"，瓦拉赫就是最好的证明。瓦拉赫起初是人们眼中名副其实的"差等生"，但是因为化学老师慧眼独具，终于使"铁树开花"，着实令人欣慰。事实上，任何一个人都是独特的，只是潜能分布在不同层面而已。如果我们能找出潜能存在的地方，加以挖掘深化，必然会开辟出成功路径，把自身的魅力发挥到极致。

曾经有一个高中生因为发挥失常，高考名落孙山。此后，他久久不能从失败的阴影中走出来，整天无精打采，对学习和未来毫无信心。

直到有一天，爸爸拿出一张白纸、一支铅笔，让他思考一下自己的不足与缺点，每想到一处就在白纸上画一个黑点。

孩子拿起铅笔，在白纸上画了很久。当他画完后，爸爸拿起那张白纸，问他看见了什么。

孩子回答道："全是黑点，全都是令人讨厌的缺点！"

爸爸笑了笑，说："你难道没看到黑点以外的那些空白处吗？"

孩子若有所思地点了点头。

爸爸继续问："当你在这张白纸上写字时，你会在空白处写，还是在黑点上写？"

孩子毫不犹豫地回答道："当然是在空白处写了。"

爸爸深情地对孩子说："当你在纸上写满字时，黑点说不定刚好就被盖住了。就算没被完全盖住，人们也只会看上面所写的内容，而不是黑点。"

孩子恍然大悟，从此刻苦学习，不再意志消沉了。

其实，只要能发挥自身优势，便能弥补缺点与不足。现在，大部分教师和家长只是教导孩子要改正缺点，并不善于观察和发现孩子的优点。俗话说"只要功夫深，铁杵磨成针"，认为一个人只要肯下苦功，早晚会有成功的一天。事实上，就算下了苦功，长年累月磨出来的最多也只是一根粗糙的针而已，根本不能用来绣花，与所付出的努力根本不成正比。社会同样需要铁杵，为什么我们不去做铁杵擅长的事情，而非要千辛万苦地浪费时间和精力去变成一根粗糙的针呢？

如果置自身优势不顾，选择了自己不擅长的领域，找不准自己应有的位置，就不可能真正体现自身价值。瓦特无法画出期盼和平的《和平鸽》，毕加索改良不出推动世界进步的蒸汽机，爱迪生也写不出一部《哈姆雷特》……他们之所以能在历史长河里留下令后人仰慕的光辉，就是因为他们没有把时间与精力浪费在自己无法突破的领域，而是充分结合自身优势，

跟谁都合得来

在一定范围内达到了普通人无法企及的高度。

世界公认的潜能激励大师安东尼·罗宾在《唤醒心中的巨人》一书中诚恳地指出："每个人身上都蕴藏着一份特殊的才能。那份才能犹如一位熟睡的巨人，等待着我们去唤醒他……上天不会亏待任何一个人，他给我们每个人以无穷的机会去充分发挥所长……我们每个人身上都藏着可以'立即'支取的能力，我们完全可以借助这个能力，改变自己的人生，提升自己的魅力。只要下决心改变，那么，长久以来的美梦便可以实现。"我们由此可以明白，只有找准了自己的最佳位置，才能最大限度地发挥自己的潜力，调动起自身一切可以调动的积极因素，并把自己的优势发挥得淋漓尽致，从而获取巨大成功。

特立独行，做人群中的少数派

有些人总喜欢随大流，跟在别人的屁股后面行事，这样必然会使自己陷入默默无闻的境地。成功人士之所以能获得成功，并不是因为他们的能力比别人强多少，而是他们更善于运用"特立独行"的心理策略。

特立独行，说的就是不要走寻常路。比如，在股票市场上，股民都在猜测其他股民的行为而努力与大多数股民不同。如果多数股民处于卖股票的位置，而你处于买的位置，股票价格低，你就是赢家；而当你处于少数的卖股票的位置，多数人想买股票，那么你持有的股票价格将上涨，你将获利。股民采取的策略是多种多样的，他们可以根据以往的经验总结出自己的策略，但是对于处理其他的问题，他们可能就显得没那么游刃有余了。

唐太宗李世民亲征高句丽，高句丽大将高延寿和高惠真率15万大军前来迎战。唐太宗设计将他们诱至安市城东南8里，双方展开决战。

李世民选了一个高坡观战。当时战场上阴云四起，雷电交加。双方刚一接阵，唐军中就有一员身穿耀眼白袍的小将，手中握戟，腰挎长弓，大吼一声冲入敌阵。敌将惊慌失措，还没来得及分兵迎战，阵形已被冲散，士卒四散奔逃。唐军在那员小将的率领下掩杀过去，高丽军大败。

战事刚一结束，李世民马上到军中询问："刚才冲在最前面的那个身穿白袍的将军是谁？"有人回答："是薛仁贵。"

李世民专门召见了薛仁贵，对他大加赞赏，还赏了他两匹马、40匹绢，并加封为右领军郎将，负责守卫长安太极宫北面正门玄武门。此后，薛仁贵多次率兵南征北战，立下了"三箭定天山"的功劳，官至右威卫大将军、平阳郡公兼任安东都护。

薛仁贵穿上与众不同的白袍杀入敌阵，其初衷也许是为了让自己士兵易于辨识，但在客观上起到了引起唐太宗注意的效果。他所采取的"白袍策略"就是我们在开始时所强调的"特立独行"。

在社会上，成功的机会以及可以助我们成功的资源都是有限的，只有少数人能拥有。因此，要想在众人中胜出，就必须抛弃随大流的想法，做人群中的少数派。

一个衣衫褴褛的少年来到摩天大楼的工地，向衣着华丽的承包商请教："我应该怎么做，长大后才能跟您一样有钱呢？"

承包商看了少年一眼，对他说："我给你讲一个故事：有三个工人在同一工地上，三个人都一样努力，只不过其中一个人始终没有穿工地发的蓝制服。最后，第一个工人现在成了工头，第二个工人已经退休，而第三个没穿工地制服的工人则成了建筑公司的老板。年轻人，现在明白了吗？"

跟谁都合得来

少年满脸困惑，听得一头雾水，于是承包商继续指着前面那批正在脚手架上工作的工人，对男孩说："看到那些人了么？他们全都是我的工人。但是，那么多的人，我根本没法记住每一个人的名字，有些甚至连长相都没印象。但是，你看他们之中那个穿着红色衬衫的人，他不但比别人更卖力，而且每天最早上班，也最晚下班，加上他那件红衬衫，使他在这群工人中显得特别突出。我现在就要过去找他，提拔他当监工。年轻人，我就是这样成功的，我除了卖力工作，表现得比其他人更好之外，我还懂得如何让自己与众不同以获取成功的机会。"

有句格言说："假如所有的人都向同一个方向行走，这个世界必将覆灭。"同样的道理，做任何事都按照大多数人的方式行事，那么你将很难在芸芸众生中脱颖而出。当很多人都在争夺同一项资源的时候，特立独行的人却总是能够发现别人忽略或是根本不知道的机会，并且善于利用和开拓。他们独辟蹊径，最终开拓出一片无人争夺的领地。因为少了竞争和阻力，他们往往能比别人更有优势，因此也更领先一步成功。

历史经验固然有值得借鉴的地方，但现实告诉我们未来是不可预测的，如果每个人都遵循历史经验行事的话，经验也许会将你带入一个利益的误区。为了避免这一误区，我们要学会做人群中的少数派。

第 2 章
洞悉人性，满足他人内心需求

　　人性是所有人与生俱来、生而固有的普遍本性，如果我们忽视了人性最基本的心理需求，就会影响到我们的人际关系。我们有必要学习一些洞悉人性的心理智慧，有必要学会在人际交往中洞察他人的心理需求，学会以恰当的方式满足他人的心理需求，这样做可以使你在人际交往过程中如鱼得水。

跟谁都合得来

 尊重他人，满足对方的自尊心

在现实生活中，任何人都害怕自己的自尊心受伤害。"自尊心受伤害"所产生的反作用力常常是巨大的，甚至是灾难性、毁灭性的。

俗话说："树活皮，人活脸。"所谓"脸"，就是指人的尊严，维护彼此的尊严是双方人际交往能够存续的前提。人与动物最重要的区别之一就是人有自尊心，若是让他人的自尊心受到了伤害，往往比皮肉受伤更难复原，不但双方无法顺利开展人际交往，还会导致双方无法进行正常合作，甚至是更加严重的后果。

人类天性中最深刻的动机是做一个重要人物的欲望，使自己成为重要人物是每一个人的内心欲望，如果你想让别人发自内心喜欢你，就要想方设法使对方觉得你认为他（她）很重要。有时候，不妨请对方帮你一个忙，这样不但能使他（她）自觉很重要，也能使你赢得信任与青睐。从富兰克林·德拉诺·罗斯福年轻时候的故事，我们或许可以发现：如果在人际交往中不能做到尊重他人，一味地损害他人的尊严将会使你成为一个无人愿意交往的人。

据说，美国前总统富兰克林·德拉诺·罗斯福年轻时非常刚愎自用，言行举止咄咄逼人，经常会伤害到别人的尊严，因此很多人都对他敬而远之。后来，富兰克林·德拉诺·罗斯福的一位朋友私底下温和地对他说："你从来都不知道尊重他人，总是让人感到难堪，还有谁会愿意待在你身边，听你这些自我夸耀的言论呢？继续这样下去，你的朋友将一个一个远离你，你再也无法从朋友那儿得到学识与经验，而你现在所知道的事情，说实话真是太有限了。"听完这番话，富兰克林·德拉诺·罗斯福很受启发，决心痛改前非。从此以后，他时刻注意自己的言行，慎防损害别人的尊严或面子。没过多久，他便从一个被人敌视、无人愿意交往的人，变成很受大家欢迎的人了。

在人际交往中，伤害别人的自尊心是大忌。如果你想给别人留下好印象，就应该注意不要伤害他人的自尊心，特别是心情不好的时候，一定要注意维护他人的尊严，无论是你的妻儿、亲人、朋友、下属，都应如此。若是一味逞强好胜，故意伤害他人自尊，势必会引起他人怀恨在心。

孟子曰："爱人者，人恒爱之；敬人者，人恒敬之。"这句话实际上是在强调尊重他人自尊心的重要性。在与人交往中，如果你能很好地理解别人、尊重别人，自然会得到别人的理解和尊重。我们周围确实有很多人正在遭受各种各样的人生磨难和不如意，也确实存在很多有这样或那样缺点的人，但是我们并不能因此而瞧不起他们，也不应该轻视和忽略任何人的感受。很多时候，就算我们心中不喜欢别人，也没有必要让对方看出来，这么做并不是什么虚伪，反而是一种聪明的态度。

再进一步说，人有地位高低之分，但无人格贵贱之别，只有灵魂高度上的差异，只有道德品质高下的分别。没有人是尽善尽美、完美无缺的，

跟谁都合得来

我们没有理由以高山仰止的眼光去审视别人,也没有资格用不屑一顾的神情去嘲笑他人。即使别人在某些方面不如我们,我们也不应该用傲慢和不敬去伤害别人的自尊;假如我们在某些方面不如别人,我们也不必以自卑或忌妒去代替应有的自尊。事实上,一个真正懂得尊重别人的人,才能从别人那里赢得尊重。

一个寒冷的冬日,一位商人在街头看到一个饥寒交迫的铅笔推销员,心中顿生怜悯之情。于是,这位商人不假思索地将10元钱塞到他手中,然后头也不回地离开了。刚走了几步远,这位商人忽然觉得这样做很不妥,于是连忙转身回来,满脸歉意地解释说:"唉,我真是太着急了,竟然忘记了拿铅笔,你可别介意。"临走前,这位商人还郑重其事地说了一句:"你和我一样,都是商人,继续努力吧。"

数年之后,在一个商贾云集、热烈隆重的酒会上,一位西装革履、风度翩翩的年轻男子对这位商人心怀感激地说:"您可能早就忘记我了,但我永远不会忘记您,您是给我自尊和自信的人。在那以前,我一直觉得自己是一个推销铅笔的可怜虫,直到您亲口对我说,我和您一样都是商人为止。作为晚辈,我非常尊重您,您是一位伟大的前辈。"在场的人听到年轻男子的这番话后,都纷纷热烈地鼓掌。

自尊是一个人的力量源泉,每个人都希望自己能受到尊重,这位商人就是以自己对别人的尊重赢得了别人对自己的尊重。其实,人与人之间的交往就是一个"互相回报"的过程,我们想要获得什么,就必须付出什么。在人际交往中,如果我们伤害了他人的自尊,对方也会千方百计地伤害我们的自尊;如果我们提升了他人的自尊,对方也会寻找机会报答我们付出的尊重。也就是说,无论在任何时候,我们都要坚持这样一条底线:一定要维护好别人的自尊心,一定不要伤害别人的自尊,否则我们将会失去自己的尊严。

一个人的自尊主要来自于自我价值感的体验，而自我价值感又源自于人际交往过程中他人对自己的态度，他人的肯定会使一个人的自我价值感增强，而他人的否定会让一个人感觉到自我价值感受到直接威胁，这就是为什么人们对人际交往中向自己传达的否定性信息十分敏感。别人对我们的否定，会激起我们强烈的自我价值保护倾向，继而表现为逃避或否定别人，以维护自己的自尊心。

因此，在人际交往中，我们必须学会肯定他人，从而增强他人的自我价值感，维护他人的自尊心，让他人感觉到被尊重和被重视。如果我们一味地否定他人，使他人的自我价值感受到了威胁，势必会激发其强烈的自我价值感保护动机，引起其强烈的抵触和排斥情绪。这样一来，我们将难以和他人建立良好的人际关系，或者双方已经建立起来的人际关系极有可能遭到破坏。在人际交往中，凡是弱点或缺点、一切不如人之处，都有可能是他人所忌讳的，你千万不要去触碰这些"雷区"。

相似互补，让他把你当自己人

懂得如何相似互补，你就能在人际交往中找到知己，赢得对方的好感和喜爱。

对一个人的好感一般来源于交往双方在某些层面上的相似与互补，性情相投的人很容易将对方当成自己人。

比尔·盖茨把自己设定为微软"首席软件架构师"，并将CEO一职让

跟谁都合得来

位于史蒂夫·鲍尔默。史蒂夫·鲍尔默说:"比尔以他独有的才华为产品和技术战略调制配方,但是CEO的职责并不仅限于此。我们达成默契,认为他应该集中精力完成这些别人无法完成的工作,而我则更加高效地扮演CEO的角色。"比尔·盖茨和史蒂夫·鲍尔默之间形成了良好的能力互补,共同造就了微软帝国的神话。

一个人在诸多方面的发展是不可能平衡的,必然有所长也有所短,有优点也有缺点。一项事业往往需要不同类型的人才,形成互补才能处理好各方面的事情,这就决定了能互补的人之间容易互相需要、互相吸引。

一位心理学家针对大学生进行了一系列调查,他将一部分特征相似的大学生安排住在一起,而将另一部分特征相异的大学生安排住在一起。一段时间过后,特征相似的大学生大多能够彼此接受和喜欢,进而成为好朋友;特征相异的大学生尽管朝夕相处,仍然很难相互喜欢和建立友谊。

大量事实研究都表明,价值体系、对象身份、社会背景和文化程度等的相似性均能影响到个人对他人的选择,对人与人之间的吸引具有特殊的意义。那么,人为什么会喜欢与自己相似的人呢?

首先,人们都希望自己在态度上和大多数人保持一致,而类似或相符本身具有一种增强作用。人们在与自己价值观相似的人交往时,互相发生争辩的机会相对较少,自己的想法也容易获得他人的支持,而且人们可以从他人的支持中获得内心的稳定感。

其次,相似的人容易形成一个群体。人们试图通过建立相似性的群体,以增强对外界反应的能力,以保证各种反应的正确性。

再次,人们在一个与自身相似的团体中活动,遇到的阻力往往比较小。正所谓"物以类聚,人以群分",人们更喜欢和自己相似的人,并与这样的人交朋友。

在现实生活中，不仅特征相似的人会相互吸引，彼此之间差异较大的人也能够建立较为亲密的关系。这表明人不但有认同的需要，还有从他人身上获得自己缺乏的东西的需要，这就是互补性。

互补性是指在需要、兴趣、气质、性格、能力、特长、思想、观念等方面存在差异的人，可以在活动中产生相互吸引的关系。当交往双方的需要和满足途径正好成为互补关系时，就会产生强烈的相互吸引力。

现实生活中，互补的第一种情况是一方能满足另一方的某种需要或弥补某项短处，那么前者就会对后者产生吸引力。比如能力强、有某种特长、思维活跃的人对能力差、没有特长、思维迟缓的人就具有吸引力，依赖性特别强的人愿意和独立性很强的人在一起，脾气暴躁的人和脾气温和的人能够成为好朋友，支配型的人和服从型的人能够结为秦晋之好……

互补的第二种情况是一方的某一特点满足了另一方的理想，从而增加了双方的亲近程度。例如一个看重学历而自己失去了获取高学历机会的人，会尤为看重高学历的朋友。

雪中送炭，会使别人终生难忘

在别人需要帮助的时候，你能及时伸出援手使其摆脱困境，谓之"雪中送炭"，可贵之处不言而喻。

建立在不同需求层次上的满意程度是各异的，送给快要饿死的人一个烧饼和送给富贵人一座金山，就他们的内心感受来说，是完全不一样的。对于身处困境中的人，仅仅有同情之心是不够的，应当给予具体帮助，使

跟谁都合得来

其渡过难关。这种雪中送炭、排忧解难的行为，最容易引起对方的感激之情，进而形成深情厚谊。

三国争霸之前，周瑜并不得志，他曾被军阀袁术任命为小小的居巢长，相当于一个小县的县令。

有一年发生了饥荒，再加上年成又坏，粮食问题日渐严峻。居巢的百姓没有粮食吃，就吃树皮、草根，活活饿死了不少人，军队也饿得失去了战斗力。周瑜作为父母官，看到这悲惨情形，急得心烦意乱，不知如何是好。

有人献计说附近有个乐善好施的财主叫鲁肃，他家素来富裕，想必囤积了不少粮食，不如去向他借。

周瑜立刻带上人马登门拜访鲁肃，两人刚刚寒暄完，周瑜就开门见山地说："不瞒老兄，小弟此次造访，是想借点儿粮食。"

鲁肃看到周瑜丰神俊朗，日后必成大器，他根本不在乎周瑜现在只是个小小的居巢长，哈哈大笑说："此乃区区小事，我答应就是。"

鲁肃亲自带周瑜去鲁家粮仓，那里存放着两仓粮食，各有三千石。鲁肃痛快地说："也别提什么借不借的，我把其中一仓送与你好了。"周瑜及其手下见鲁肃如此慷慨大方，一下子都愣住了。要知道，在饥馑之年，粮食就是生命啊！周瑜被鲁肃的言行深深感动了，两人当下就交上了朋友。

后来，周瑜在东吴当上了将军，他心中牢记鲁肃的恩德，并将鲁肃推荐给了孙权。鲁肃从此有了施展才华的机会，竟成为东吴不可缺少的栋梁。

在别人危难之时伸出援手，雪中送炭比锦上添花更让人感动，关键时刻往往是考验人的时候，也是考验人际关系的时候。谁在这个时候伸出援手拉一把，当事人定会感激不尽，甚至终生不忘。这是建立牢固人际关系的最佳时机，你一定要懂得在"大雪"之时及时送出你的"炭"。

很多看过《杨光的快乐生活》系列喜剧的观众都会哈哈大笑，其中的

"条子"就是一个典型的不重视朋友的人,他在朋友需要帮助的时候,经常悄悄地走开了;一旦朋友有什么好处可以分享,他立刻就出现了。艺术源于生活,在现实生活中,像"条子"这样自私自利的人很多见。朋友有时候就是一种互助关系,如果你不肯在朋友需要帮助时伸出援手,那么你终究也会陷入孤立无援的境地。很多时候,拉人一把只是举手之劳,但是千万不要吝惜举手之劳,否则你将错失机缘。

约翰是一家大型超市的营业员,有一天突然下起大雨,一位老人慌忙躲进了约翰所在的超市。这时约翰热情地向老人打招呼,询问老人是否需要帮助,老人说他没有伞,所以想进来避雨。约翰特意给老人搬来一把椅子,让他坐着歇息。

几天之后,这家超市的主管收到了一封信函。信中除了对约翰表示感谢外,还准备将约翰调入某跨国公司做总经理。原来几天前在超市避雨的老人是一位大商人的父亲,这位商人拥有好几家大型跨国公司。就这样,约翰神奇地脱离了平凡的生活,开始了全新的职业生涯。

这个故事告诉我们:在他人需要的时候帮人一把,会为自己带来意想不到的收获。也许你的付出只是给人搬把椅子的举手之劳,也许你的付出只是一句关切的话语,对方却会在心里牢牢记住你的好处,在适当的时候报答于你。想要成为心理博弈高手,学会"雪中送炭"自然是你不可错过的一课。

 留份薄面,抵得上送一份厚礼

面子是一种关乎尊严的东西。要想与人和睦相处,在别人心中留下好

跟谁都合得来

印象,你必须在人际交往中给别人留点面子。

面子,谁会不在乎?爱面子是中国传统文化的一部分,每个人几乎都会提到爱面子的问题。给别人面子就相当于送别人一份厚礼,如果你不懂得给人留面子,就像当众扒光别人的衣服,这时候你们之间可能就不是心理博弈那么简单了,而是一场你死我活的争斗。

有的人一旦发现别人犯了错,就会毫无顾忌地大声指责,丝毫不给别人留面子。洪应明在《菜根谭》中说:"人之短处,要曲为弥逢,如暴而扬之,是以短攻短。"意思是说,发现别人有缺点或过失,要很婉转地为他掩饰或规劝,假如在很多人面前揭发传扬,就是用自己的短处来攻击别人的短处。你给别人面子,别人才会给你面子,下面这位高僧就做得十分到位。

一位高僧受邀参加朋友布施的素宴,席间忽然发现满桌精致的素食中,有一盘菜里竟然藏着一块肉。这时,高僧的弟子故意用筷子把这块肉翻上来,好让宴客的主人能够看到,高僧见状立刻夹菜把肉掩盖起来。过了一会儿,弟子又把那块肉翻了出来,高僧再次把那块肉掩盖起来,并对弟子耳语道:"你若还敢把肉翻出来,我就把它吃掉!"弟子听了此话,就不敢再放肆了。

在归途中,弟子对高僧说:"厨子明明知道我们不吃荤,为什么要在素菜中加块肉呢?!我确实很想让主人知道这件事,并且严厉惩治那个厨子。"高僧却这样说:"每个人都会犯错误,无论是有心还是无心的。如果你当着那么多人面,让主人看到了菜中的肉,主人确实会惩罚厨师,但他也会因此失掉面子。这不是我愿意看到的,所以我宁愿把肉吃下去。"

在人际交往中,你需要给得罪你的人留一点面子,这既是一种宽容大度的表现，也是维护人际关系的做法。就像那位高僧大德，既照顾了主人的面子，也给了厨子改过自新的机会，于己于人都是有利的。

俗话说："得饶人处且饶人。"照顾别人的面子，给别人一个台阶下，别人自然非常感激你，你也会多交一个朋友。相反，如果你抓住别人的把柄大肆张扬，会使别人感到无地自容。丢了面子即意味着伤了自尊，这显然不是我们与人交往时希望看到的结果，所以我们必须学会照顾好别人的面子，这对我们来说绝对有益无害。如果你能像下文中的田秦一样做得滴水不漏，相信就不会在无意中伤到别人的面子了。

古时候，有一个叫唐桐的人，因为与他人结怨而心烦，他多次央求地方上有名望的人出面调解，但是依然没有效果。后来，唐桐找到大侠田秦，请他来化解这段恩怨。

田秦接受了这个请求，他亲自上门拜访唐桐的仇家，做了很多说服工作，才使那人同意和解。按照常理，田秦算是已经完成了任务，可他并没有立即离开。

田秦对唐桐说："我听说本地许多有名望的人都出面调解过你的事情，但是始终不见效果。你很给我面子，特地请我来调解此事。我既感谢你又为自己担心。连本地有名望的人出面都不能解决的问题，由我这个外乡人完成了和解，难免会使本地那些有名望的人感到非常丢面子。"

田秦认真想了想，接着说："看来我得请你帮个忙。等我明天离开此地，你要请本地有名望的人都到你家，就说我也没有调解成功，再次央求他们出面帮你调解，把这个面子留给他们。"

给人留面子表面上看起来好像比较消极，事实上并不是要求你委曲求全、窝窝囊囊地做人，而是通过少惹是非、少生麻烦的方式，更好地展现自己的才干，释放自己的能量。无论多么思想开明的人，都不喜欢过于直

白的建议和批评,因为这会直接伤到他的面子。即便他接受了你的直言相劝,内心里也承认你的能力很强,可他真正赞赏的是你的建议本身,而不是你的进言方式。

❀ 点到为止,他人心思看破不说破

能了解他人的心思当然是好事,但最好不要让对方知道你已经看破他的心思。真是这样的话,对方就会觉得你很善解人意,甚至会觉得你们之间存在某种默契。

人人都希望自己可以了解别人在想什么,甚至希望自己拥有一流心理学大师的功力,练就一双火眼金睛可以看破一切表象。看破别人的心思固然可以让自己受益,但不必非要说破对方的心思。

一个男人跟一帮朋友吹牛皮,说他在家里绝对是一把手,无论他说什么,妻子都是言听计从。他还打比方说:"在家里我就是大老虎,老婆乖得像只猫一样。"

说到这儿,一个知道实情的朋友开始大笑起来,原来这个吹牛皮的男人在家很怕老婆。这个朋友很爱开玩笑,他一本正经地对吹牛皮的男人说:"你看那是不是嫂子走过来了?"这个男人顿时脸色发白,急忙转身四处张望,在场的朋友都哈哈大笑起来。此时,爱开玩笑的朋友又说:"依我看,你在家确实是一只老虎,而嫂子是打虎英雄武松……"爱吹牛的男人羞愧难当,立刻拔腿就走了。

自此以后,吹牛皮的男人再也不和那位开玩笑的朋友来往了。

如果你是一个能看破他人心思并公之于众的人，那么你很可能会孤独一生，因为没有人愿意接近这样的人，更不用说彼此成为朋友。和这样的人交朋友，人人都会觉得没有安全感，似乎做任何事情都在别人眼皮子底下，这实在太可怕了。当身边人知道你会"读心术"，嘴上又没有把门的话，他们会害怕自己的隐私或秘密被你知道，当他们有一些事情需要掩饰的时候，你会是第一个要重点防范的人。

东汉末年，弘农华阴（今陕西华阴东）人杨修在丞相曹操麾下担任主簿，他在揣摩、分析、判断、预见曹操的心理活动方面相当准确、迅速、敏捷。也正因杨修这种先期预见的前瞻性，反而害了他的性命。

"鸡肋事件"只是杨修被杀的表面原因，罗贯中在《三国演义》中通过细节描写、语言描写、心理描写，叙述了杨修"数犯曹操之忌"的"鸡肋事件""阔门事件""食酥事件""梦杀侍卫事件""簏藏事件""试才事件""代植答教事件"，交代了曹操对杨修由忌到恶、由恶而怒的态度变化过程，写出了杨修"恃才放旷"的性格特点，写出了曹家内部争权夺利、互相倾轧的争斗情况，同时也揭示了曹操忌才多疑的性格特点。

杨修之死不过是曹操与刘备争夺汉中之战中的小插曲，杨修的预见和猜测是完全正确的，但他"真知魏王肺腑"恰恰是曹操不能容忍的。曹操杀杨修，并非嫉贤妒能，而是自有苦衷。若说可惜，只能怪杨修言行无忌，多次泄露了曹操的心事。

看破他人心思只是一种小聪明，千万不可拿出来卖弄炫耀。在人际交往中，精明固然能让自己受益，但太过于精明的话，总会让别人感到不放心，从而引起不必要的麻烦。假如可以的话，你要比其他人精明，但不要试图用说破他人心思的方法来证明你比别人聪明。

当你说破他人心思的时候，对方就会觉得他做什么事情都能被你猜透

跟谁都合得来

意向，这时他心里肯定很不舒服。一是认为你太聪明，留在身边不安全，一些机密倘若被你猜中的话，泄密的可能性就大了；二是丢面子的人往往不会与让他没面子的人达成协议，你越是说中他的心思，他越不会合作，连一点儿商量的余地都没有。如果是在公开场合暴露对方的心思，事态会更加严重。

把握尺度，避开令人生厌的话题

说话要把握好尺度，将话说到对方心坎上，避免谈论令人生厌的话题，否则会使对方感到厌恶或是产生抵触心理。

凡事都有两面性，有让人喜欢的话题，就有令人生厌的话题。令人生厌的话题常常会使对方感到厌恶或是产生抵触心理。此时，最好的选择是转换话题，使谈话继续延续下去。

李滨的性格比较粗犷，说话做事经常不会顾忌太多，亲朋好友都知道他并非有意，也就没人和他计较了。有一次，李滨去探望一位久病卧床的亲戚，见到那位亲戚之后，他关切地问道："你的脸色怎么这么差呀？"没想到这一句简单的问候，反倒使那位亲戚的脸上更增添了愁容，久久没有说一句话，搞得李滨不知所措，场面十分尴尬。

在探望重病在身或者久病卧床的人时，如果看到对方面容憔悴，最好不要说"你的脸色怎么这么差"之类的话，否则你的关心就会变质，除了加重病人的思想负担，不会起到任何积极作用。

令人生厌的话题总是会让人产生厌恶、抵触等一系列不良反应，抛出这类话题的人要么是无知或大意，要么就是故意为之，以达到某种卑劣的目的。

在某公交车站，一名相貌猥琐的男子看到身边有一位漂亮女士，便想故意上前搭讪。

他看到这位漂亮女士穿着性感丝袜，就借口说："美女，你的丝袜是从哪里买的？看上去很不错嘛，我也想给女朋友买一双。"

女士回答道："我劝你最好还是别买了，穿这种丝袜会招来一些不三不四的男人和你女朋友搭讪。"

这位女士的话虽然简练，但是很有分量，说得对方哑口无言。该男子的问话方式本身就不对，再加上他猥琐的形象，很难不让人心生厌恶。所以，女士对于他的问话感到生厌，也是很正常的。

社会学家经过研究发现：有时一个人当众讲的一两句话，看似与周围人无关，其实会在无形中得罪一大片人。比如，一个人谩骂另外一个人的话很难听，而且带有性别歧视的语言，十有八九会招来非议或谴责。原因很简单，就是因为大家都希望在一个和谐美好的氛围里友好相处，所以一旦有人破坏了和平安宁的生活状态，损害了公众的利益，自然就会招致责罚，被众人群起而攻之。

每个人都有自己讳莫如深的事情，对于比较敏感的话题，最好不要提及。比如在丧失亲人的朋友面前，或者某些特定的场合，最好不要讲"死"，如果非说不可的话，可以使用其他比较隐晦的词语来代替。此外，去药店买药，或离开医院时，不宜说"再见"；见到身体偏胖的人，不宜说"肥胖"，说"丰满"或"富态"都可以；遇见秃顶的人，可以说"贵人不顶重发"；遇见早生白发的人，可以说"很有内涵"；遇见长相不佳的人，可以说"长得幽默"，等等。

跟谁都合得来

总之,说话要把握好尺度,将话说到对方心坎上,避免谈论令人生厌的话题。

直言无罪,但一定要把握好分寸

"水至清则无鱼,人至察则无徒",满嘴谎话的人肯定不招人喜欢,但一个人要是连一句善意的谎言也不会说,有时也不被人待见。

俗话说:"会做媳妇的两头瞒,不会做媳妇的两头传。"在家庭生活中,一些鸡毛蒜皮的小事往往不能太较真,有时不妨说一些善意的谎言,才能获得比较圆满的结局。

例如,客人带来的孩子不小心摔坏了杯子,我们也许会说"早就想换新的了",但事实未必真的是这样,不过是为了减轻客人的心理压力而已。因此,在人际交往中,我们不一定非得完全说实话,因为说实话有时候对人对事是无益而有害的。既然说实话会伤害别人,我们为什么一定要实话实说呢?其实,偶尔说一些善意的谎言,化解你所遇到的尴尬和误会,也是一种适应现实和世俗的明智之举。

一天中午,王女士离开入住的酒店,拦下一辆的士,对司机说:"请送我去钟楼饭店。"

司机说:"西安的星级饭店我都知道,你要去的钟楼饭店,我更知道。"

王女士心想这人真幽默,但她还没有来得及说什么,司机又开口了:"你是干什么工作的?"

"你看我像干什么的?"

"看着像当老板的。"

"我才不是老板呢，当老板多累呀。"

"累？我们开出租车的，没有客人急，有了客人累。啥时候不累？去见马克思就不累了。"

司机从反光镜看了王女士一眼，继续说："你走在大街上的时候，一定吸引了不少人的眼球，追你的人一定很多吧。"

"我早结婚了，已经是两个孩子的妈妈啦！"王女士笑着说。

王女士的目的地到了，司机向她道别："你笑起来真好看，希望下次还能见到你。"

司机师傅说的是实话还是谎话？其实，只要是赞美的话，真假并不重要，说者高兴，听者更高兴，彼此没有伤害，你好我好大家好，这世界不就更和谐了吗？即便是善意的谎言，也要说得恰到好处，否则不但弄巧成拙，还会给人留下虚伪做作的印象。善意的谎言是美丽的，如同幸福的美酒，让人千杯不醉。

做人当然要实在，但是实在过头了，就会变成负担，让人难以承受，费力不讨好。说话太实在，会引起尴尬，会产生误会，也会制造麻烦。执意于"绝对真实"的人，往往会迷失自己。人际交往中，我们大多数时候都需要彼此坦诚相待，而某些特殊时刻也需要美丽的谎言，甚至是善意的"欺骗"。

阿福有一个在外地的表叔，四十来岁，性格耿直，忠厚老实。阿福仅与表叔见过一次面，却留下了非常深刻的印象，因为表叔曾经一口断定他没出息。

阿福上初中的时候，表叔从外地回乡探亲，顺便问起了他的学习情况。阿福妈妈说："刚上初一时，阿福的成绩还在班上前几名。初二上学期，

跟谁都合得来

他的学习成绩开始下滑,现在越来越差了。"表叔当时就对阿福说:"瘦得像只猴子,腰杆也挺不直,我看你这样子,就知道你将来没大出息。学习再不抓紧,就更没出息了!"

阿福当时很难过,恨不得找个地缝儿,马上就钻进去。他的长相确实不怎么样,但将来就一定没出息吗?

在上面这则故事里,表叔的初衷是好的,他是劝说阿福要努力上进,但是好的用心却没有用好的方式表达出来,结果反而造成了阿福的误解。可见,说实话也是需要技巧的。可以这样说,谁掌握了说谎话和说实话的技巧,谁就等于掌握了说话技巧的精髓。

洞察人心,把话说到对方心里去

在讲话时学会洞察人心,把话说到对方心里去,对方自然会欣然地接受。这样,我们在与人交流的时候,就会更加游刃有余、得心应手。

对于大多数人来说,人际交往中最快乐的事情,莫过于双方对同一个问题有着相同的看法。但是,人与人毕竟有差别,要达到这种共鸣的境界,绝非易事。因此,在人际交往中,我们需要掌握一些技巧,摸清对方的心理需求,改变自己的说话方式,让对方感到心情舒畅,交往活动就可以顺利展开了。

有一年,某玻璃制品有限公司代表团与美国欧文斯公司就引进先进的浮法玻璃生产线一事进行谈判,双方在部分引进还是全部引进的问题上陷入了僵局,美方无法接受中方部分引进的方案,中方的"推销"也被拒之门外。

这时,中方首席代表虽然心急如焚,但他还是非常冷静地分析了形势。如果一个劲儿地说下去,可能会越说越僵,于是他改变了战术,由直接说服转为迂回说服:"业内人士都知道,欧文斯公司的技术是第一流的,设备是第一流的,产品是第一流的。"

中方首席代表转换了话题,在微笑中开始谈天说地,诚恳又确切地称赞了美国欧文斯公司的三个"第一流",使对方由于谈判陷入僵局而引发的沮丧情绪在很大程度上得到了缓解。

"如今,意大利、荷兰等几个国家的代表团正在同中国北方省份的玻璃制品公司商谈引进生产线的事情。如果我们这次谈判因为一点点小事而归于失败,不但我方将蒙受巨大损失,欧文斯公司也不能幸免。"中方首席代表说到这儿,刚刚偏离的话题又转了回来。由于前面说的话已经解除了对方心理上的对抗,所以当对方听到这些话时,似乎也顺耳多了。

在这里,中方首席代表用"一点点小事"来描述分歧,目的在于冲淡对方对分歧的过度关注,同时指出谈判破裂后将会给美方带来巨大损失。这完全是站在美方的立场上为他们考虑,美方无论如何也不能拒绝。

"目前,我们的确因为资金困难而不能全部引进,这一点务必请美国同行予以理解和体谅,希望在我们困难的时候,你们能伸出友谊的手,为我们将来的合作奠定一个良好的基础。"这段迂回变通的话,一下子说到对方心里去了。在这段话中,中方首席代表确认双方是朋友关系,现在不是做买卖的商业关系,而是朋友之间的相互帮助。

经过中方首席代表的迂回变通,僵局瞬间迎刃而解,双方迅速签订了协议,中方节约了好几百万美元。

为了达成初次见面的目的,我们必须要了解对方的心理需求,只有明

跟谁都合得来

确了对方的心理需求，才能够"对症抓药"，一针见血地说到对方心里去。否则，不仅无法说服他人，甚至会使他人不解其意，或因曲解而产生误会。如此一来，人际交往将难以顺利进行，之前的努力也将付之东流。

塞乐司·克提斯年轻的时候曾经在美国缅因州波特兰的一家商店里学做生意，刚过学徒期他就开始独自创办了一份微型杂志，那就是如今名满天下的《妇女家庭》杂志。

在当时，没有一个著名作家会给这么微不足道的小杂志写文章。如果想提高杂志的销售量，最好是能刊登一些著名作家的文章，所以克提斯必须得与一些名人建立起关系才行。路易莎·沃尔科特女士是当时著名作家中最受人欢迎的一位，克提斯听说这位女作家对慈善事业十分热心。不久以后，正是这位女作家帮克提斯扭转了命运。

根据爱德华·博克的记载："这位能力非凡的约稿专家将矛头对准了那位女作家，他以给她的慈善事业捐助100美元为代价邀请她写一段文章。对于一个热衷慈善事业的人来说，这个条件确实充满了诱惑。于是，她十分高兴地为他写了一篇文章，他则将一张100美元的支票送给她作为回报。"

其实，克提斯之所以能成功说服那位女作家为《妇女家庭》杂志写稿，就是因为他准确抓住了她的兴趣点，虽然只是在名义上把支付给她的稿费做了改动，但是这一举动让她感到十分开心。因此，克提斯轻而易举就使这位女作家改变了她对《妇女家庭》杂志的看法，并且获得了她的支持，顺利渡过了他的出版事业的第一个难关。

正所谓"吹笛要按到眼儿上，敲鼓要敲到点儿上"，在说话时学会揣摩人心，把话说到对方心里去，对方自然会欣然接受。这样，我们在与人交流的时候，就会更加游刃有余、得心应手。

第3章
洞察人心，觉知他人内心世界

　　日常生活中，最常见的困扰往往和人有关，学会洞察他人的内心世界是每个闯荡社会的年轻人都应当掌握的技能。不了解人心的人，走到哪儿都碰壁；能看透人心的人，生活才会拥有更多精彩。所以，我们应该学习一些洞察人心的智慧，做个明白世态人心的人——听其言、观其行、察其心，否则我们必定会常常因为无法了解他人的本意而徒留许多遗憾。

跟谁都合得来

 见微知著,通过细节看人品性

观一叶而知秋,窥一斑而见全豹,其理在生活中,在细微处。要想掌握这种高明的心理策略,仅仅通过主观臆断是不准确的,更需要结合诸多因素逐一分析。

我们每天都要与人打交道,但由于每个人的先天禀赋和后天经历的不同,使得每个人的性情和心理千差万别。同时,由于人性上的弱点,人们在与其他人交往时会戴上形形色色的"面具",把真实的自己隐藏起来让人难辨真假,这就使得人际交往变得复杂和困难起来。所以,要想在人际交往中占据主动,就要练就一双洞穿人心的火眼金睛,不动声色地看清他人的内心想法。汉景帝就是这样一位独具慧眼的辨人高手。

汉景帝时期,周亚夫在平定七国之乱中立下了赫赫战功,被提拔为丞相,他经常为朝廷献计献策,对国家忠心耿耿。一天,汉景帝宴请周亚夫,特地给他准备了一大块没有切开的熟肉,也没有给他准备筷子。周亚夫面带难色,要求内侍马上去拿一双筷子过来,汉景帝笑着说:"丞相,我把这么大一块肉赏赐给你，你还不感到满足吗？还要向内侍要筷子，你也太讲究了吧！"周亚夫听闻此话，急忙下跪谢罪，汉景帝说："既然丞相不用筷子吃肉很不习惯，那就算了吧，宴会到此结束。"于是，周亚夫怏怏告退，脸色非常难看。

周亚夫的一举一动都被汉景帝看在眼里，他摇头叹息道："周亚夫既然不能忍受我的失礼，又怎么能忍受年轻气盛的少主呢？"汉景帝认为，周亚夫要用筷子吃肉是一种非分的做法，安守本分的臣子应该用手抓肉把它吃完。通过这件事情，汉景帝试探出周亚夫并不适合做太子的辅政大臣。如果由周亚夫辅佐太子，他肯定会有非分之想法。

汉景帝通过一件小事的细节看到了一个人的真正品性，这种识人于细微的方法很值得我们在人际交往中仿效，但需要注意的是不能太过主观以免误解他人。

从细节看出一个人的内在品质，这就是见微知著。如果一个人不能准确地洞察他人的品性，就容易被他人的表象所迷惑，对本该警惕的人没有警惕，掉进他人设下的圈套，给自己带来不利影响。

知人之难虽不能说难于上青天，但是很多人确实没有解决好这个难题。究其原因，难点在于人心隔肚皮，难以彻底洞察。有的人表面上和蔼可亲，背地里却阴险狡诈；脸上笑容满面，脚底下却尽使绊子。

很多具有丰富人际交往经验的人都懂得见微知著的道理，他们通过微小的细节就能洞察人或事的本质。从细节识人是人际交往中的大智慧，这种源自生活的大智慧在外国也十分盛行。

美国加州大学从前来应聘校长的人才库中挑选出了四位候选人，特地邀请这四位候选人连同他们的夫人一起到该校住了几天，希望通过实际生活做进一步的考察。校方认为，如果校长夫人的品格不高的话，校长的工

跟谁都合得来

作将会受很大影响。结果真的因此淘汰了一名候选人。

日本住友银行在选拔干部时，总裁曾经问过这样一个问题："当银行利益与国家利益发生冲突，你认为应该如何处理？"许多人回答"应该为银行利益着想"，总裁认为不能录用；另一些人回答"应该以国家利益为重"，总裁认为仅仅及格而已，不足以录用；在所有应聘的人中，只有一个人回答"对于国家利益和银行利益不能兼顾的事情绝不染指"，总裁的评语是"卓有见识，可以录用"。

人的一举一动、一言一行，无不体现出其学识修养。通过研究某个人具体的设计用谋，去粗取精，去伪存真，由此及彼，由表及里，就能品析出其胸怀韬略。"观一叶而知秋，饮一瓢而知河"，要想成为心理博弈高手，见微知著的本领不可或缺。想要知人善任，不但要善于观察，还要善于分析各方面的因素，才能得出最终结论。

试探虚实，摸清对方真实意图

社会中有许多伪装的现象，如果你不懂得虚虚实实的奥妙，就无法看清很多东西的本来面目。若想看清事物的本质，试探是一种比较好的方法。

古人曰："画虎画皮难画骨，知人知面不知心。"人心难测，真话难得。尤其是面对心怀叵测而虚伪的人，更应该懂得用试探的方法搞清对方的真实意图。

试探是心理博弈的一种重要手段，比如别人说了一句意思不明朗的话，如果你想获悉对方的真实意图，就可以想方设法试探一下对方。进行试探的方法有很多，有的人喜欢旁敲侧击套取真话，有的人喜欢用弦外之音暗示他人，甚至还有用反激法做试探的。进行试探的方法不拘一格，目的却只有一个，那就是得到实情。在西安事变中，杨虎城对张学良的试探，就属于旁敲侧击。

西安事变爆发前，张学良和杨虎城并不是知己，而是上下级关系。为了民族大义，杨虎城决定试探一下张学良的真实想法。

当蒋介石不顾民族危亡，对内坚持"剿共"方针不变，张学良和杨虎城两位将军感到痛心疾首。在这种情形下，张学良和杨虎城来往频繁，都有心对蒋介石发难。在这件事关民族生死存亡的大事上，两人都不敢轻易表明"反蒋"态度。眼看形势越来越紧迫，双方仍然欲语还休。

杨虎城部下中有个叫王炳南的人，和张学良关系要好。在一次会面时，杨虎城故意说："王炳南是一个激进分子，他主张扣留蒋介石，然后联合共产党抗日！"张学良立刻回答道："我看这不失为一个救国的好办法。"于是两人开始秘密商谈逼蒋抗日的行动计划。

当时，张学良的实力要比杨虎城强得多，而且张学良是蒋介石的拜把子兄弟。如果杨虎城直接把他的想法和盘托出，万一张学良不赞同，那他可就惨了。于是，杨虎城借他人传出心声，即使不成功，也可全身而退，另谋出路。这种做法攻守兼备，妙不可言。

最后，张学良、杨虎城联合发动兵谏，扣留了蒋介石，迫使他实行第二次国共合作，一致抗击日寇。

可以说，正是杨虎城的小心试探，成全了张学良的一世功名。如果杨虎城不对张学良进行试探而贸然行事，很可能就不会顺利实现逼蒋抗日的目的。所以，通过试探获知真实情况，是一个了解他人内心想法的好办法。

一天，乔治·巴滕公司的经理威廉·约翰斯随口对奥斯本公司的副经

跟谁都合得来

理巴顿·德斯廷说了一句话,竟然促成了一家新公司的诞生。

据德斯廷回忆,当时约翰斯说:"我发现我们两家公司的经销处,在客户方面并没什么实质性冲突。"

德斯廷问:"你什么意思?"

"啊,其实,这和你没什么关系。"约翰斯边说边笑着走开了。

此后的几星期里,两人没有任何交流。

实际上,约翰斯看似随意的一句话,已经让德斯廷十分上心了。

约翰斯是在建议两家公司合并吗?德斯廷想深入了解一下,于是在两人第二次会面时,一个规模宏大的合并计划就已经开始认真酝酿了。

约翰斯先是不动声色地提出了一个要点,接着又用微笑将他的真实意图掩盖起来,然而德斯廷已经猜测到了他想要传达的信息。约翰斯的目的十分明确,他就是想在正式提出合并建议之前,摸清德斯廷的想法。

试探识真情,能使你避免陷入被动之中。当然,试探本身也包含暗示,让对方明白你的意图,然后再看对方的反应态度。大多数人的内心世界是一个打不开的"黑箱",只有通过有针对性的试探,才可以收集到有用的反馈信息,认真研究这些反馈信息和它们的变化规律,就能正确推断出"黑箱"中到底藏些什么东西。

所以,要想识别他人的真实意图和真实想法,试探是一条可以选择的捷径。需要注意的是,试探最好做到浑然天成,不能让对方看出你是有意为之,否则不但得不到真实情况,反而会被对方利用。

巧用激将，使对方"不打自招"

简单来说，激将法就是通过刺激性的话鼓动他人达到自己的目的。古代兵书上的"激气""励气"和"怒而挠之"的战法都是激将法的不同形式，前者是对己和对友，后者则是对敌。

激将法主要通过各种隐蔽手段，让对方进入激动状态，如愤怒、羞耻、不服、高兴等，从而导致情绪失控，然后在无意识中受到操纵，去干你想让他干的事。说到底，人是感性动物，在人际交往中必须想方设法调动情感的力量，来激发人的积极性，调动其热情和干劲儿。激将术一般有以下几种：戴高帽赶鸭子上架；故意贬低，挑起好胜心；吹胡子瞪眼睛，敲桌子点鼻子，惹人发怒；冷冷冰冰，或佯装不信，使人吐露真言。

鲁文公元年，楚成王想废掉商臣，改立王子职为太子。商臣听说这件事以后，不知是否属实，就去问他的老师潘崇："我现在如何才能判断这件事的真伪呢？"

潘崇对商臣说："你现在要做的是宴请成王的妹妹江，席间故意对她不尊重，激她说出真相。"

商臣采纳了潘崇的建议，故意在席间对江无礼，江非常愤怒地大骂："你这个卑贱的东西，难怪君王想要废掉你，改立王子职为太子。"

商臣告诉潘崇："确实有这样的事。"

潘崇问商臣："你甘心做王子职的臣子吗？"

商臣说："当然不甘心！"

跟谁都合得来

潘崇又问:"你会不会离开楚国?"

商臣说:"不会。"

潘崇再问:"你敢不敢发动兵变弑杀君王?"

商臣答道:"敢。"

同年十月,商臣率领东宫守卫包围了楚成王的宫殿,楚成王上吊自杀,商臣顺利继位,成为楚穆王。

潘崇激将一招非常高明。由于事关重大,如果用"软"的方法来获得事情的真相,他人必然守口如瓶,而难以奏效。潘崇建议商臣通过激怒楚成王的妹妹江,使她的情绪变得激动,在无意中吐露了事情的真相。

巧用激将法,能使你看清事实真相。当然,激将本身也包含暗示,让对方明白你的意图,然后再看对方的反应态度。大多数人的内心世界是一个打不开的"黑箱",只有通过有针对性的激将,才能通过对方的反应得到想要的反馈信息,认真研究这些反馈信息和它们的变化规律,就能推断出"黑箱"中的真实情况。

某大型外企公司想在A市建一栋办公大楼,很多人对这个项目垂涎欲滴、跃跃欲试。按照严格的审核程序,这家大型外企公司做了重重筛选,最后选定了势均力敌的承包商甲和承包商乙。两家承包商都很有合作诚意,究竟应该包给哪一方?这个问题一直困扰着这家大型外企公司,为了公开、公平、公正,只好约请双方各派三人参与公开招标。

正所谓"知己知彼,百战不殆",承包商甲打探到承包商乙的出战团队中有两人才识平平,另外一人是经验丰富的技术骨干,此人不但具有渊博的建筑知识,而且口才非常一流,也非常自负。要战胜这样一个人,正面交锋当然不是明智之举,于是承包商甲采取了一些特别的策略。

当两家承包商的出战团队初次见面时,甲队三人都热情地向乙队中才识平平的两个人致敬，对于那位锋芒毕露的技术骨干则刻意回避、冷落他。这一招很快就奏效了，只见那位技术骨干面色凝重，看上去很不高兴。甲队趁热打铁，毕恭毕敬地对乙队中平庸的两人说道："早就听说二位是咱们行业的大能人，不仅能够独当一面，还多才多艺、学识渊博。今天有幸见到二位，我们真有点诚惶诚恐，希望二位能够高抬贵手，别让我们输得太难看！"一直坐在一旁的技术骨干郁郁寡欢，虽然极力掩饰他内心的愤怒，但是自尊心受到了极大伤害。

招标会议一开始，甲队又抢先谦卑地对乙队那两个人说道："我们早就想领略二位的风采，今天正好是一个难得的学习机会，我们想听听二位的高见，所以还请二位不吝赐教！"乙队的两个人还未开口，那位压不住火的技术骨干一下子站起来，十分不满地说："既然二位很有本事，你们留在这儿商谈吧！"说完便扬长而去，乙队的两个人顿时语塞，不知该如何是好，因为先前确定的是由技术骨干做主谈，他俩做好辅助工作即可。

大型外企公司的主管见状，当场表示由承包商甲来做这个项目。

激将法中的"激"，确切地说就是要从对方在意的角度入手，让对方感到不是愿不愿意去做，而是应该甚至必须去做。激将法的过程中一定要考虑到对方的思想状况、个人能力、个性特点、心理承受能力以及其他的一些重要因素，对其期望和刺激要适度适时。因此，主动实施激将法的人必须经常和实施对象进行心理换位，以实现心理上的沟通和相容，保证激将效能的可接受性，发挥这种心理策略的最大功效。

激将法是获知他人真实意图和真实想法的好办法，最好做得浑然天成，才不至于被对方识破。否则，你不但看不到真实情况，反而会被对方利用或者迁怒，那就得不偿失了。

跟谁都合得来

察言观色，及时做出正确反应

不会察言观色，就像船长不会根据风向来转动舵柄一样，很容易在风浪中翻船。想要搞清别人的性格、气质、想法，最快捷的方法就是察言观色，可以获得很多有价值的信息。

要想掌握人际交往主动权，就必须学会察言观色。学会察言观色，既可以帮助你洞悉他人的能力高低、长短优劣、性格特征、行为方式、真实意图，又可以让你提前判断出哪里是他人的敏感地带，避免让你陷入尴尬窘境。如果你不懂得察言观色，就会像下面这位举人一样欲哭无泪。

古时候，有个文人寒窗十年得中举人，经过努力获得了一个县令的职位，就职前特意登门拜访直属上司。这位县令虽然读书读得好，却是一个不会说话的人，见了上司以后竟完全不知道该说什么。沉默了好一会儿，他突然问道："大人尊姓？"上司感到很吃惊，不过还是说了。这位县令又沉默了很久，突然冒出一句："大人的姓，百家姓中根本没有。"上司脸上已有愠色，但还是耐着性子说他是旗人。这位县令接着问："大人是哪一旗呢？"上司说他是正红旗，这位不懂分寸的县令顺口说："正黄旗最好，大人怎么不是正黄旗呢？"这句话彻底惹怒了上司，这时他才察觉到上司满脸怒气，于是赶快离开。第二天，这位县令就接到了上司的罢官令，十年寒窗苦读毁于一旦，究其原因是他不懂得察言观色。

在人际交往中，你掌握对方的信息越多，达到目的的可能性就越大。那么，当你们并不熟悉的时候，如何知晓对方的内心世界呢？这就需要你充分发挥察言观色的能力。言辞能透露一个人的品格，表情和眼神能反映一个人的内心，衣着、坐姿、手势也会在毫无防备的情况下出卖一个人。

人心虽然是这个世界上最复杂、最难琢磨的东西，但并不代表我们对别人的内心想法只能是一筹莫展。即便是城府再深的人，也难免会在一些细节上泄露自己的秘密。每个人内心的想法，往往会不知不觉在口头上流露出来，因此只要我们仔细聆听，就可以从谈话中探知别人的内心世界。

子曰："不知言，无以知人也。"这里所说的"知言"，不仅仅指对方说了什么，还包括肢体语言、身份背景、特定语境，等等。例如：说话时手势动作过度夸张的人大多很虚伪；说话时习惯左顾右盼的人虽然随和，但缺乏耐心和持久力，大多在居住、职业方面不太安定；说话语气抑扬顿挫的人是幻想家，很讲究浪漫气氛；说话时口角唾沫很多的人自我意念极强，做事时很容易犯错误；一边说话一边摇头的人，心中不安定；说话时眉间皱纹聚集在一起的人，往往沉不住气；说话时面带微笑的人，会迅速出人头地。

人的面部可以表现出很多复杂而又微妙的表情，并且表情的变化十分迅速、细致，可以真实、准确地反映情感、传递信息。虽然不是所有的人都喜怒形于色，但是即便城府再深的人，也会因为一些不经意的表情细节而暴露内心的想法。纵然是被誉为"春秋第一相"的管仲，也会因为表情变化而被人探知内心世界。

有一次，管仲和齐桓公商量攻打莒国的事情，他们不曾对任何一个人说起过一丁半点，但是不久就有人知道了这个军事机密。原来是一个叫东郭垂的人泄密了，听说他是个非常有智慧的人，管仲便把他找来问话："你怎么知道我们要攻打莒国？"

东郭垂不慌不忙地说："君子有三种脸色常常会不自觉地流露出来，

跟谁都合得来

一是欣赏音乐时自得其乐的脸色，二是家里有丧事时悲哀凄凉的脸色，三是要用兵打仗时严肃凝重的脸色。我看到您的表情是严肃凝重的，您一直谈论的是莒国，举起手臂指向的也是莒国。在那些小诸侯国中，没有降服的也只有莒国了。由此，我判断您是要准备攻打莒国的。"

察言观色犹如看云识天气，敏锐细致地观察对方的表情、面相、打扮、动作，以及看似不经意的行为，可以在第一时间掌握对方的真实意图，了解对方的内心世界，从而随机应变，做出正确反应。

眼是心窗，揉不进任何"沙子"

人的眼睛可以表达内心感受，很难去虚饰隐匿，因此被称为"心灵的窗口"。

心理学家认为，眼睛最能准确地表达出一个人的感情和意向，目光的互相接触有时能够透露出潜在的信息。比如，从瞳孔的扩张或是收缩，就能得到一些人的内心独白：当人们进行亲密交谈或者谈兴正浓的时候，他们的瞳孔就会扩张；当人们走神的时候，他们的瞳孔就会收缩。事实上，除了瞳孔的变化可以泄露人内心深处的秘密，还有很多眼球的运动也具有丰富的内涵。如果你想通过关注别人的体态来获得一些有用信息，建议你不妨从观察对方的眼睛入手。日本作家桦旦纯曾经提到这样一个关于眼睛作用的实验：

美国心理学家爱德华·海兹曾注意到，读书入迷的人和对某些事物有浓厚兴趣的人，他们的瞳孔都会不同程度地放大，于是他就大胆假设：眼神与心理存在联系。为了证明这个假设，海兹做了一个有趣的实验。

海兹把婴儿照片、婴儿母亲的照片、男子的裸照、女子的裸照、美丽的风景照依次展示给参加实验的男性和女性看，并检测了参加实验的人的瞳孔大小。海兹猜测人的瞳孔可能会随着兴趣的强弱发生变化，而实验结果也证明了这一猜想。参加实验的男女都在看到异性裸照时出现瞳孔放大的现象，比平时要放大20%；在看到婴儿和婴儿母亲的照片时，全体女性和有孩子的男性的瞳孔都会放大；所有人对美丽的风景照的反应都很小，甚至一些人出现了瞳孔缩小的倾向。

在人际交往中，眼睛往往能泄露很多隐含信息。例如，回避眼神交流在我国是表示尊敬，演说者与听众会相互谦恭地回避眼神交流。而西方人认为，回避与听众进行目光接触的演说者会让听众感到自己被忽视，因此会对演说者的演讲失去兴趣，甚至会蔑视演说者，认为那是很羞怯的表现。

除了演讲之外，目光交流在课堂上出现的频率也很高，老师们常常在课堂上用目光提醒发呆的学生要集中注意力。最新研究发现，当学生的目光从老师脸上移开时，他们很可能正在思考复杂问题的答案。

英国斯特林大学格威妮丝·多尔蒂·史尼登博士领导的研究小组在英国经济与社会研究所的资助下，对不同年龄段的230名学生进行观察，结果发现"目光转移"实际上有助于集中注意力。

研究小组对一群4～6岁的孩子进行提问，同时对孩子们回答问题时的反应和行为表现进行比较。在被问到难度较大或者陌生的问题时，孩子们通常会将目光转移至别处。如果是孩子们熟悉的问题，他们转移目光的次数就会减少。

研究小组对一群5～8岁的儿童进行提问，结果发现提问的人与他们是否熟悉并不重要，重要的是问题的难易程度。被问到的问题越难，他们

跟谁都合得来

越倾向于将目光转向远处。用史尼登博士的话说："观察结果表明，孩子在思考有难度或不熟悉的问题时，会不自觉地转移目光，凝望远方。老师、家长和照顾孩子的人都需要知道，孩子的这种表现其实是'正在思考中'的信号。学生转移目光，望向窗外，或许是件好事。他们也许正在思考问题，在不断提升自己。喜欢经常转移目光、望向窗外的孩子，在各种测试中的成绩要好于其他学生。"

最后，史尼登博士下结论说，目光转移确实对思考有帮助，因为这样可以通过抑制视觉上的分心而让人们注意力更集中。面部表情会使人分心，如果孩子一直盯着老师看，大脑会因为忙于处理视觉信息而无法集中思考。

当你发现别人的目光不停地转移时，肯定有什么事情让他觉得不对劲。某人会因为不喜欢你，或者对你不感兴趣，或者无法面对你，或者害怕你，避免跟你对视。在大多数情况下，撒谎的人会尽一切可能回避目光的交流，他被一种愧疚的感觉折磨着，所以不想面对你。但是，并不能因为某人眼睛看着别处就认定他一定在撒谎，也可能是他的身体不太舒服，也可能是他缺乏自信，所以眼睛看着别处。

从一个人的眼睛里往往可以窥探出他内心的真实感受。当你和别人相处时，倘若对方眼神清澈、目光专注，那么你读取的信息就是他内心真实的感受。倘若对方眼神游移不定，那么你就得认真揣摩一下他的真实想法，及时满足他的心理需求。

手臂动作，传递肢体语言信号

在人际交往中，手臂动作不但可以对语言表达做补充说明，甚至可以借此判断出部分语言的真实可信度。

当人们开始袒露心扉，或者想说真话的时候，很可能会在无意间摊开全部或部分手掌，与大多数传递微小信息的肢体动作一样，这完全是一个下意识的动作。

在法庭上，辩护人为当事人做辩护时，常常展开双臂，把两只手掌亮给法官，以赢得法官的信任。意大利人较多使用这种姿势：当他们受到责怪时，便会在胸前摊开双手，做出"你要我怎么办"的样子，同时伴随着耸肩的姿势。在西方戏剧中，这种姿势不仅可以表现情绪，还可以显示某一角色的开朗个性。通过观察不难发现，小孩子对自己所做的事感到骄傲，在向别人展示自己的成就时，会摊开自己的手掌；相反，当小孩子闯了祸、做错事或者有顾虑时，就会将自己的手插入口袋或藏在身后。

在我们用来传递肢体语言信号的各个身体部位当中，手臂是最容易被我们忽视的，作用却是最大的。手臂动作是一种无声的语言，我们可以很明确地感知到对方是放松还是紧张，是坦诚还是违心……通过手臂动作，掌握对方的心理变化，有利于掌控人际交往的主动权。

如果你是一名推销员，当顾客向你陈述拒绝购买的理由时，你一定要认真观察顾客双手的一举一动。假如顾客坦率地说出拒绝购买的理由，并且拒绝购买的理由成立时，通常会时不时地将他的掌心暴露于推销员的视线内。假如顾客只是想找出理由搪塞推销员，也可能会说出同样一番话，但是会将双手隐藏起来，躲避推销员的视线。

手臂除了能帮你判断对方的话语是否真实，也是你在人际交往中获得优势地位的有力工具。比如握手看似是一个人人都会、无关紧要的动作，却能够影响到今后你在双方交往中占据的地位，以及你们之间究竟谁能够

跟谁都合得来

控制全局,谁会处于强者的位置?

握手的姿势千差万别,归纳起来可以传达三种基本态度:支配、顺从、平等。在这三种基本态度中,平等的态度传递的信息是"我们可以相处得很好",而支配和顺从的态度正好相反。如果对方的手掌心向下行握手礼,你应该立刻意识到他的支配欲和占有欲很强,他在此时此刻处于高人一等的地位。与之相反,掌心向上是一种表示妥协、服从和善意的握手方式,使用这种握手礼的人属于顺从型,比较平易近人,也容易被人支配。

当别人霸气十足地将掌心朝下,用非常强势的姿态跟你握手时,你该怎么办呢?采用这种握手方式的人通常性格孤傲、控制欲强,在大多数情况下都是率先发出握手邀请的人。假如你发觉对方有意使用这种霸道的握手方式,又想轻松取得与其平等的地位,不妨在伸手回应的同时,向前迈出左脚,并立即跟进右脚,你的整个身体重心就会前移。此时此刻,你已经进入了对方的私人空间。

这样一来,你不但可以避开对方笔直的手臂,提前占据握手时的有利位置,而且可以通过握手取得人际交往控制权。当你迈出左脚的时候,你已经很自然地站到了对方前面,这是一种很强的威慑。

内心变化,表情也会随之变化

当一个人进行某种思维活动时,大脑会支配面部发出各种细微信号形成不同的表情,这是人不能控制也难以意识到的。

表情变化是一个人内心世界的外在体现,时刻都在传递着各种信息。

既然如此，我们为什么不通过表情变化去了解他人的真实意图，去改善沟通交流的效果呢？如果你能注意观察对方的表情变化，而且善于用表情"说话"，与人交往会更加和谐、通畅。

文学名著《围城》中有这样一段话：

饭后谈起苏小姐和曹元朗订婚的事，辛楣宽宏大度地说："这样最好。他们志同道合，都是研究诗的。"……大家都说辛楣心平气和得要成"圣人"了。圣人笑而不答，好一会儿，取出烟斗，眼睛顽皮地闪光道："曹元朗的东西，至少有苏小姐读；苏小姐的东西，至少有曹元朗读。彼此都不会没有读者，还不好么？"大家笑说辛楣还不是圣人，还可以做朋友。

苏小姐是赵辛楣的意中人，但她并不爱赵辛楣，她一心追求方鸿渐，可是方鸿渐不爱她，于是她赌气嫁给了曹元朗。曹元朗曾经被方鸿渐等人取笑为"四喜丸子"，是个又老又丑又呆的人。大家对苏、曹的结合感到莫名其妙，赵辛楣的解释是一种幽默的讽刺，他"笑而不答""眼睛顽皮地闪光"，表情与说话的内容协调一致，强化了幽默讽刺的意味，使谈话场合诙谐的气氛更加浓烈。

为了更深入地了解面部表情在人际交往中起到的强化作用，让我们再看一看《红楼梦》第二十九回中的一段话：

（贾宝玉和林黛玉）二人闹着，紫鹃、雪雁等忙来解劝。后来见宝玉下死劲的砸那玉，忙上来夺，又夺不下来。见比往日闹的大了，少不得去叫袭人。袭人忙赶了来，才夺下来。宝玉冷笑道："我是砸我的东西，与你们什么相干！"袭人见他脸都气黄了，眉眼都变了，从来没气的这么样，便拉着他的手，笑道："你合妹妹拌嘴，不犯着砸他；倘或砸坏了，叫他心里脸上怎么过的去？"黛玉一行哭着，一行听了这话，说到自己心坎儿上来，可见宝玉连袭人不如，越发伤心大哭起来，心里一急，方才吃的香

跟谁都合得来

茗饮，便承受不住，"哇"的一声，都吐出来了。紫鹃忙上来用绢子接住，登时一口一口的，把块绢子吐湿。雪雁忙上来捶揉。紫鹃道："虽然生气，姑娘到底也该保重些。才吃了药，好些儿，这会子因和宝二爷拌嘴，又吐出来了；倘或犯了病，宝二爷怎么心里过的去呢？"宝玉听了这话，说到自己心坎儿上来，可见黛玉还不如紫鹃呢。又见黛玉脸红头胀，一行啼哭，一行气凑，一行是泪，一行是汗，不胜怯弱。宝玉见了这般，又自己后悔："方才不该和他较证，这会子他这样光景，我又替不了他。"心里想着，也由不得滴下泪来了。

宝玉一边说，一边"冷笑"，"脸都气黄了，眉眼都变了，从来没气的这么样"，这样的表情更加强化了他言语中的意思，使得气氛异常紧张，把众人都吓坏了。当宝玉看到黛玉"脸红头胀，一行啼哭，一行气凑，一行是泪，一行是汗，不胜怯弱"，又心生悔意，"也由不得滴下泪来了"。这一哭，眉眼恢复了原状，才把紧张的气氛缓和下来。

在人际交往中，有时不方便说话，有时话语的力量不够强，有时嘴上说的与心里想的不一样……在这样的情形下，人们往往通过表情变化来补充表达自己内心的思想感情。在有些特殊场合，说话人的意思不适合用言语表达时，也可以通过表情进行暗示。

1968年，美国心理学家艾帕尔·梅拉比在一系列实验的基础上，提出了这样一个公式：交流的总效果 = 7%的文字 +38%的音调 +55%的面部表情。由此可见，属于非言语的音调和面部表情在沟通交流中的作用是非常大的。

叠腿而坐,你看得懂的小秘密

只要足够用心观察,你会通过一个人的腿部动作发现很多秘密。当对方的双腿叠在一起,你能从中发现些什么?

腿部动作能够真实地反映人们的感受和想法。对于一个正常人来说,控制双腿是非常困难的事情。就因为没有注意腿部动作可以泄露秘密,第二次世界大战期间美国的一项"潜伏"计划遭受了沉重的打击。

第二次世界大战期间,美国谍报人员在德国本土窃取了大量绝密情报,让德国高层很头疼。一次,德国情报部门获得一份重要情报,说有一批美国谍报人员即将潜入某城市实施一项大规模的侦探计划,人数之多让德国方面感到震惊。

德国情报部门与各路专家紧急商讨破敌之策,一位行为心理学家提供了一个识别美国谍报人员的方案,主要是通过观察体态来寻找突破口。一天,德国情报部门了解到美国谍报人员进入了某个重要鸡尾酒会的现场,于是派出大量特工人员进行清查。按照行为心理学家的建议,特工人员只要在现场看到有人两腿交叉成"4"字坐在椅子上,就立刻上前进行盘问。如果对方稍有回避或回答不自然,就可以初步断定对方是美国人。

以观察两腿交叉成"4"字这一体态为突破口,德国情报部门一晚上就准确无误地抓获了24名美国谍报人员。

为什么仅凭两腿交叉成"4"字,就可以初步断定谁是美国人呢?其一,两腿交叉成"4"字是典型的美国人叠腿姿势,在当时的场合中看到

使用这种坐姿的人,马上就可以断定他是美国人。其二,两腿交叉的体态包含了两种心态,一种是紧张、恐惧,另一种是想要放松、镇定。在当时的场合,有一定心理负担的人才会不自觉地使用这种坐姿。其三,如果一个人是典型的美国人"4"字叠腿姿势,嘴上却不承认他是美国人,回答问题时又吞吞吐吐,是不是美国谍报人员便可想而知。

如果说把双臂交叉在胸前是为了保护心脏、乳房等上身较敏感的部位,那么交叠双腿则是为了保护下身的敏感部位,这上下两种防卫姿势透露出的是负面的防卫态度,即心里紧张、没有安全感。

为了验证人们的心态与体态的关系,心理学家艾克斯·莱恩教授曾多次进行调查取证,其中一次是在某公司高层管理会上,有五位营销人员列席参加,讨论的主题是营销人员的待遇。

参会的五位营销人员中有一位是高层领导们都熟知的推销员,以善于"挑刺"著称,他被其余四人推选为发言代表。他一上台开口讲话,大多数在场的高层领导都交叠起两腿,并把双臂交叉在胸前,表情严肃地看着他。虽然高层领导们没说一句话,但是在场的人都能从领导层的防御性姿势中感觉到气氛紧张。

在这位推销员发言的过程中,莱恩教授发现四位营销人员都双腿平放地面,手臂自然摆放,并伴随着身体前倾,头部则稍稍倾斜。他们的体态流露出的是感兴趣、想评估,与高层领导们的防御性姿势形成了鲜明对比。

莱恩教授也注意到有几位高层领导没有交叠双腿,会后他对他们进行了逐一采访,问他们是不是赞同那位推销员的发言,答案是他们并不同意那位推销员的说辞,他们没有交叠双腿的原因是太肥胖,或者有膝关节炎的毛病。

通过心理学家艾克斯·莱恩教授的验证,足以说明交叠双腿可以传递负面信息。也有人认为，扣着足踝或交叠双腿坐着，是一种感觉舒服的习惯，并不代表有负面态度。这种说法有一定的道理，比如女士夏天穿超短裙，坐着时交叠双腿是有明显理由的，久而久之自然形成习惯。有一点要说明的是，虽然交叠双腿或紧扣足踝是流行服饰带给女性的一种习惯性动作，但是这种体态依然带有防御性的负面信息。

有些人习惯于交叉双腿的坐姿，是因为天气冷所采取的一种防寒动作，而不是人际交往中的防御性姿势。怎样判断是防寒还是防御呢？其实很好区别，感觉冷的人交叉双腿是挺直而用力地相互夹着，看上去要比防御性姿势要用力地多。

第4章
感情投资，拓展人脉资源

在现实当中，很多人都知道人脉的重要性，却不知道如何获得有价值的人脉。其实人脉经营并不难，只要你巧妙地运用心理学广结善缘，就能获得许多人的友谊，建立雄厚的人脉资源，这样你的道路就会越走越宽，越来越顺畅。

跟谁都合得来

❀ 广结善缘，帮别人就是帮自己

广结善缘，于人于己都有好处。如果你人际关系好，在办事的时候明显占优势，别人不仅会支持你，还会处处为你着想，处处维护你的利益，这无疑是你成就事业难得的基础。

真正善于交往的人，不论在什么时候都很注意结交善缘，能够对那些需要帮助的人及时伸出援手，这样的人自然能享受到人情的回馈。

美国著名人际关系学家戴尔·卡耐基说："如果我们想交朋友，就要先为他人做些事——那些需要花时间、体力、体贴、奉献才能做到的事。"正像我们需要别人的关心一样，别人——朋友、同事、领导、下属、顾客，甚至陌生的路人，也需要我们的关心。关心他人的人会拥有很多朋友和更广阔的人际关系，需要帮助时也就比别人多了许多路子，更容易取得成功。

春秋时期，晋国大夫赵盾在一次外出时，看见一棵枯树下躺着一个人，他已经奄奄一息，眼看就快要饿死了，便让车停下来，上前看个究竟。原来那个人在回家的路上遭遇抢劫，钱财和食物都被抢走了，又羞于向人乞讨，所以才饿成这个样子。赵盾送给那人一些肉干和盘缠，让他得以活着回家去孝顺父母。

过了两年，晋灵公派兵追杀赵盾。有一个士兵跑得最快，首先追上了赵盾。赵盾心想他的命至此休矣，没想到那个士兵却对他说："请您上车快跑，我来保护您！"赵盾又惊又喜，问道："你为什么这么做？"那个士兵回答说："您不认得我了吗？我就是枯树下饿倒的那个人啊！"说完，他奋力抵御追兵，最终以死保护赵盾脱离了险境。

赵盾无意中结下的一段善缘，为他换来了第二次生命！

由此可见，不论何时何地，广结善缘的人才会有人缘，才能走好运。尤其是在平时处理各种工作、合作、朋友关系时，广结善缘显得尤为重要。

王健起初是一家皮鞋厂的个体老板，后来以几万元起家，在十年内发展成拥有数千万资产的皮鞋制造商。他之所以能做大做强，靠的就是"投桃报李"的处世原则。

一次，王健厂里生产的一种白鞋带、白扣的软皮鞋，在南方某个省份失去了销路，零售商天天打电话要求退货，这可急坏了地区批发商，他连夜赶来找王健商量对策。这可是个大问题，如果把货收回来，积压在那里，批发商将受到巨大的经济损失。

王健明确表态说："你的困难就是我的困难，不管是什么原因造成了这种局面，我都决不会让你蒙受损失，你把白带、白扣的皮鞋统统收回，送到我这里调换成别的式样的鞋。"这个地区经销商感动地说："也不能让你一个人吃亏呀。"王健却对他说："产销一家嘛，我们都是一家人，谁受损失都一样，这事理应由我来处理。"这件事传出去以后，全国各地的批发商、零售商对王健更加敬重了。

"天有不测风云，人有旦夕祸福"，一场意外发生的火灾使王健花费巨

跟谁都合得来

资修建的现代化皮鞋厂遭受了灭顶之灾，设备、材料、产品几乎被烧得一干二净，辛苦数年积攒的全部家底都被一场大火化为乌有。面对飞来横祸，王健真是欲哭无泪，他甚至想到了死。就在王健万念俱灰的时候，销售网络中几个较大的批发商登门拜访，鼓励他重整旗鼓。

一位批发商爽快地说："只要你想继续干下去，钱的事包在我们身上。过去我们困难的时候，都是你伸出援手帮助我们，现在我们也决不能昧着良心袖手旁观。"五天后，几个较大的批发商组织召开了来自全国各地的几百位批发商的集资大会，仅仅两个多小时就凑齐了王健重建工厂所需的资金。

人缘就是财富，人际交往最基本的目的就是结人情、积人缘。求人帮忙是被动的，如果别人欠着你的人情，找别人办事自然会很容易，有时甚至不用直接开口。成功人士之所以能取得成功，一定和善于关心别人、乐善好施有关。

曲为弥缝，主动掩饰朋友短处

当朋友犯了错误时，你既不要一味地迁就，也不要与之反目成仇，可以仿效"曲为弥缝"的变通方法，让其知耻而改。

洪应明在《菜根谭》中说："人之短处，要曲为弥缝，如暴而扬之，是以短攻短。"意思是说，发现别人有缺点或过失，要很婉转地为他掩饰或规劝，假如在很多人面前揭发传扬，就是用自己的短处来攻击别人的短处。

古时候，陈嚣与纪伯是一对邻居。一天夜里，纪伯悄悄将隔开两家庭院的竹篱笆向陈家那边移了一点,好让自家的院子更宽敞一些,这一举动恰好被陈嚣看到了。纪伯回家后,陈嚣将竹篱笆又往自家这边移了一丈,使纪伯的院子更宽敞了。第二天,纪伯发现这个情况后,心里感到非常愧疚,不但还了私占陈家的地方,还将竹篱笆往自家这边移了一丈。

陈嚣面对邻居的自私行为,采取了"曲为弥缝"的做法,让纪伯主动意识到他的不当行为,心里感到非常愧疚,这就欠下了陈嚣一个人情。即使纪伯还了这个人情,每当他想起这件事时,心里还是会感到愧疚,还是会想办法补偿陈嚣。

"邻之短处,曲为弥缝"的变通行为,不仅可以避免邻里之间的矛盾冲突,还可以加强邻里之间的团结和睦。俗语说"远亲不如近邻",为自己建立起邻居这张方便、强大的人脉网,可以在急难时刻迅速得到他们的鼎力相助。试想一下,如果陈嚣不用此法变通,只将竹篱笆移回原处,即便不多移一尺一寸,纪伯发现后可能会无视他的自私,而把这种行为当作理所当然,结果就不会是后来那个样子了。

战国时期,梁国与楚国是邻国,两国在边境上各设界亭,亭卒们都在界亭附近的地里栽种了西瓜。

梁国的亭卒勤劳,每天都给瓜地锄草浇水,西瓜秧长势极好。楚国的亭卒懒惰,西瓜秧长势自然不好,于是趁夜里月黑风高偷跑过去,把梁国亭卒的西瓜秧全给扯断了。梁国的亭卒第二天发现后气愤难平,报告给边县的县令宋就,并建议:"我们也去把他们的西瓜秧扯断!"

宋就说:"我们明明不愿他们扯断我们的西瓜秧,为什么还要去扯断人家的西瓜秧呢?别人做错事,我们再跟着学,那就太狭隘了。你们按照我说的去做,每天晚上去给他们的西瓜秧浇水,让他们的西瓜秧长得好起来,他们一定会知道的。"

跟谁都合得来

梁国的亭卒觉得宋就的话很有道理，于是就照他说的做了。楚国的亭卒很快发现他们瓜田里的西瓜秧长势一天比一天好，原因是瓜地每天都被人浇过水，而且是梁国的亭卒在黑夜里悄悄给他们浇的。楚国的边县县令听完亭卒们的报告，不由得非常敬佩梁国的亭卒，于是把这件事报告了楚王。楚王听说这件事以后，被梁国人修睦边邻的诚心所感动，特备重礼送给梁王，这一对敌国从此成了友好的邻邦。

在七雄割据的战国时期，梁国边县县令宋就的变通之举，无疑是避免"唇亡齿寒"的明智之举。在现实生活中，当朋友犯了错误时，你既不要一味地迁就，也不要与之反目成仇，可以仿效"曲为弥缝"的变通方法，让其知耻而改。这样做既不会削弱自己的人脉，还可以得到朋友的信赖和尊敬，更进一步巩固人脉。

保持联络，能使人脉四季开花

平时不和朋友保持联络，需要帮忙的时候才临时抱佛脚，这种不付出就想有收获的做法是不可能交到真正的朋友的。

朋友之间从相识、相知到相处都需要细心呵护，其中相处是持续时间最长、最需要用心经营的阶段。朋友之间的相处，实际上是心灵之间不同形式的交流和碰撞，是最需要智慧和技巧的。不论是什么样的智慧和技巧，最基本的原则就是朋友之间要始终保持联系。没有了联系，深厚的友谊可能变得越来越淡；没有了联系，两颗心灵之间可能彼此疏远；没有了联系，曾经无话不谈的朋友可能变得形同陌路。因此，保持联系能够使友谊长青，能够使你的人脉无限广阔。

刘备读私塾时，经常帮助其他同学，与他们的关系处得都很好。后来大家长大了，昔日的好同学各有各的人生路要走，也就不得不各奔东西了。

虽然彼此分开了，刘备却很注重经常与老同学保持联系。石全是刘备读私塾时最要好的同学，回家后为了维持母亲和他的生计，不得不打柴和卖字画。刘备从未嫌弃石全家境清贫，经常邀请他一起探讨当时天下形势。这种融洽的交往一直保持了很多年，使刘备与石全的关系情同手足。

后来，刘备为了实现心中的宏伟目标，拉起一支队伍参加了东汉末年的割据战争。初时，刘备的军事实力相当弱小，不得不依附他人。在一次交战中，刘备的军队因寡不敌众，几乎被全部歼灭，幸亏石全把他藏匿起来，才躲过敌人的追杀，逃过了一场劫难。

由此可见，同学关系有时能在紧要关头帮上大忙，甚至甘冒风险为你排忧解难，但这都得益于你平时的用心付出。如果你与同学分开之后并没有经常相聚，良好的同学关系便无从谈起，从中受益更是一句空话而已。所以，只要你怀有真情、抱有诚心，用你的真诚来维系同学关系，你的人脉资源会更加广泛，路也会越走越宽。

有些人认为建立人脉关系就是四处搜集名片，然后分别打电话和对方取得联系。事实上，建立人脉关系是一个持续的过程，只要保持联络就会有很多机会。因此，第一次接触后要记得打电话或是发电子邮件表达你的感谢，也可以写一张感谢卡给对方，让对方知道你会持续保持联络，后续联系的目的主要是让对方了解你的最新状况并获得最新信息。如果你很重视建立人脉关系，就会随时随地找寻机会，而不是在紧急的时候才想到。重要的是建立长久的互惠关系，而不应当是为了达到特定目的。

詹亨铭是某财经媒体的主编，在财经记者圈里的知名度很高，经常被

跟谁都合得来

财经电视节目请去做嘉宾。在电视圈有了一定的名气以后，詹亨铭认为作为一名财经媒体主编，出版圈对他的工作也很有帮助。詹亨铭和出版界并不熟悉，但他有自己的明显优势：熟悉财经领域，能提出优质选题；拥有媒体资源，能为图书做市场推广。于是，詹亨铭通过朋友介绍，主动结识了出版界知名人士，并利用自身优势与他们开展合作：参与财经图书选题策划，通过各种途径为新书做推广，还时常写书评、推荐短文等。除了业务上的联系，詹亨铭每逢节假日都会邀请几位出版圈朋友一起坐坐，或者登门拜访，或者电话联系，或者通过电子邮件进行交流。渐渐地，詹亨铭在出版圈的人脉关系越来越好，主动找他合作的出版社越来越多。凡是认识的朋友有经管类图书要出版，都少不了找詹亨铭出主意。

在人际交往中，要想保持良好的朋友关系，一定要保持密切联系。俗话说："亲戚在于走动，朋友在于沟通。"很好地说明了保持良好人际关系的秘密。从心理学角度来讲，加强联系可以让人更多了解你的近况，拉近彼此之间的心理距离，增进彼此之间的感情连接。因此，要想结交知心的朋友，就要多跟朋友保持联系，友情会在不断沟通和交流中变得更加炽烈。

低调和谐，结交朋友的硬道理

老子曰："良贾深藏财若虚，君子盛德貌若愚。"只有谦虚内敛的人才能获得他人的好感，才能赢得朋友的信任。如果你的长处或短处被人一览无余，很容易被他人操纵。

人际交往离不开语言沟通，有些人一张嘴就狂妄自大，因此别人很难接受他的观点或建议。喜欢自我表现的人往往以自我为中心，唯恐别人不知道自己有多大能耐，处处显摆自己高人一等，企图获得别人的敬佩，结果却适得其反。其实，以低姿态出现在他人面前，更容易让对方认可、接受；毫不谦虚、妄自尊大的人往往引起他人反感，以至于大多数时候只能是孤家寡人一个。

初涉新环境，很多人总想让别人尽快了解和熟悉自己，以期引起别人的注意，这是一种普遍心理。在这种心理的支配下，一些人常常在无意间谈论自己"从前如何如何"，这种做法取得的实际效果往往与一厢情愿的预想是相反的。即使你有过十分辉煌的过去，"说者无心，听者有意"，别人立刻就会产生反感，认为你是在吹嘘、炫耀自己。

有一位在事业单位从事统计工作的女孩，被借调到某机关的第一天，就对新同事大谈自己过去的光辉业绩，并无意间冒出一句"像我这种人才到哪儿都是香饽饽"。结果惹得新同事极为反感：你是香饽饽，我们这些人算什么？于是，新同事都孤立她，不出三个月就被排挤出局了。如果她能谨言慎行，一开始就给新同事留下一个沉稳干练的好印象，也许就不会受到孤立和排挤了。

人际关系是一种很微妙的"化学反应"，也许一件小事就能让你和周围人的关系变得很好或者很坏，关键在于态度要谦虚。如果你想在事业上有所作为，就得低调出现在社交场合，在别人面前表现的平和、朴实、憨厚，从而让别人放松对你的戒备心，当事情有利于你的时候，对方恍然明白好像是你在让着他，自然也就不会和你争高低了。

这样看来，以低姿态出现在别人面前，应该是一种有效的社交策略。低姿态是一种表象或假象，目的是为了让别人感到心理上的满足，使他乐于和你合作。谦虚的人往往是非常聪明、非常上进的人，当你大智若愚的

跟谁都合得来

时候，当别人麻痹大意的时候，你已经赢了一半。

一位小杂志社社长，不管在什么场合都喜欢装腔作势，还总是一副无所不知的样子。然而，不论他怎么自抬身价，他所出版的刊物依然上不了台面，总是被人批评为现炒现卖、粗鄙肤浅的杂学之流。他每次开口说话的时候，旁边的人都得万分痛苦地忍耐着，听他说完和说大话、吹牛皮并没有什么不同的废话。

承认自己有不知道的东西并不丢人，为了自抬身价而不懂装懂，一旦被别人看穿，反而会产生副作用。闻道有先后，术业有专攻，谁都不可能样样精通。交朋友应该互相取长补短，别人比自己懂得多就应该虚心求教，自己很精通的事情也要很谦虚地展现实力，这样才能得到朋友的尊重。

愚蠢的人常常在人际交往中显示自己无所不能，这种人可能是过于自负，总以为自己具有无比强大的能量场，也可能是过于自卑，需要用强大的外表来掩饰自己脆弱的心灵。无论是哪一种情况，换来的只能是来自别人的排挤和打击。所以，智者总是低调地与人交往，拥有和谐的人际关系。

分享好处，能与朋友同甘共苦

能同甘不能共苦，能共苦不能同甘，掺杂了太多相互利用的成分。真正的朋友无论喜悦还是忧伤，都可以拿来分享；无论成功还是失败，都可以互帮互助。

我们总是向往同甘共苦的友情，就像武侠小说中写的那样，彼此惺惺相惜、肝胆相照。我们渴望这样的友情，我们感动于这样的友情，可是有几个人真正相信呢？历史给我们留下太多负面的例子，"共苦不同甘"像一把利剑悬在我们的头顶。韩信出生入死为刘邦打天下，立下了汗马功劳，最后却被诛灭九族。宋太祖赵匡胤在陈桥驿黄袍加身，江山平定之日也是"杯酒释兵权"之时，那些跟他出生入死的将领一生戎马，好不容易可以安享荣华富贵了，却落得个解甲归田的下场。这就是"狡兔死，走狗烹；飞鸟尽，良弓藏"，这就是过河拆桥。

留在辉煌顶点的始终只有一个人，那些曾经的伙伴、搭档、曾经的二把手、曾经的左右手，都消失在过往中。在苦的时候，大家没有金钱、没有地位，也没有利益争夺；一旦苦尽甘来，就会出现利益分配问题，当利益分配不均的时候，就免不了最终走向分裂。我们发自内心害怕背叛，害怕失去好不容易建立的友情，所以尽量让我们的友谊不涉及利益。这是现在很普遍的一种想法，甚至被很形象地概括为：要想做朋友，就别掺和借钱这种事。

朋友之间交流感情、交流看法，可以分享一切话题，但是不谈经济利益。也许你现在诸事顺利，根本不需要朋友的帮助，但是你的朋友也是如此吗？也许他正在为找工作发愁，也许他乡下的母亲看病急需用钱，也许他正需要一笔钱来投资他的梦想。在你飞黄腾达之时，你希望与朋友划清界限，没有经济往来；当你有一天败下阵来，却想着朋友能够施以援手。不能同甘，怎能共苦呢？

战国时期，燕昭王姬平一心想要富国强兵，却一筹莫展。一天，燕昭王听说郭隗很有计谋，于是赶紧派人请来郭隗，虚心向他求教："你能否找到一个有本领的人来帮我强国？"郭隗回答说："只要您广泛选拔有本领的人，并且亲自登门拜访，天下有本领的人就都会投奔到燕国来。"燕昭王又问："我去拜访哪一个人才好呢？"郭隗回答说："先重用我这个本

跟谁都合得来

领平平的人吧！天下本领高强的人看到我这样的人都能被您重用，他们肯定会不顾路途遥远，前来投奔您的。"燕昭王立刻尊郭隗为老师，并为他建造了一座华丽的府院。消息一传开，乐毅、邹衍、剧辛等有才能的人，纷纷从魏、齐、赵等国来到燕国，为燕昭王效力。燕昭王很高兴，对他们委以重任、关怀备至，无论谁家有婚丧嫁娶，他都亲自过问。就这样，燕昭王与百姓同事安乐、共度苦难二十八年，终于把燕国治理的国富民强，受到举国上下一致拥戴。

这是"同甘共苦"典故的出处。我们可以看到，燕昭王"同甘共苦"的做法并不是大家挤在一起喝西北风，正是因为他愿意把钱花在贤臣良将身上，乐毅、邹衍、剧辛等人才投奔而来。二十八年中，燕昭王不仅与贤臣、百姓共苦，更多的是与他们同甘。这种无论什么都可以分享的关系，把燕国民心牢牢凝聚在一起。

如果在一帆风顺的时候不能与朋友分享成功，又怎敢奢求落难之时会有朋友鼎力相助？风和日丽，同舟前行；狂风暴雨，同舟前行；雨后彩虹，同舟而行。无论是苦是甘，只有怀着真心去分享，才能做一辈子的朋友。我们总觉得"共苦"是一件很难的事情，所以非常敬重、珍惜那些陪伴我们走过黑夜又迎来黎明的人，殊不知分享利益比分享苦难更难。

霍去病是汉武帝的心腹爱将，在攻打匈奴战役中立下了汗马功劳，可惜英年早逝，年仅23岁。然而，霍去病死的时候，他麾下的将士并没有多少人哀恸。在他们眼里，霍去病是一个有谋略、有胆识的大将军，更是一个不懂得体恤下属的贵族王侯。霍去病每次出征，汉武帝都会赏赐给他很多好吃的东西，他吃不完就随手扔了，可是他的下属却常常闹饥荒。这样一个少年英雄被拜将封侯，丰功伟绩被铭记青史，却没有得到麾下将士的爱戴。与之相反，一直没有封侯的李广，却博得了一世英名。大凡有颁奖犒赏,他都平均分配给军官小吏,一点儿都没有私心。李广治军威信是最高的,在他逝世的时候,将士们无不扼腕悲伤。

感情是相互付出换来的,不与朋友同甘,就别奢望朋友与你共苦。真正的朋友无论喜悦还是忧伤,都可以拿来分享;无论成功还是失败,都可以互帮互助。真正的友情不需要害怕利益的侵蚀,不需要躲避金钱绕道而行。

 完善自己,来赢得别人的赏识

没有人会无缘无故地赏识他人,如果我们没有得到别人的赏识,我们没有资格去抱怨任何人或者任何其他因素,只能在自身上找原因——看看我们究竟是不是值得别人赏识的"珍珠"。

在现实生活中,有不少人发出这样的抱怨:"为什么我总得不到重用?""为什么我没有好人缘呢?""为什么我做什么事情都得不到别人的肯定呢?""我已经灰心了,因为即使我做得再好,也得不到别人的赏识。"

几乎每一个人都有这样抱怨的时候,这些抱怨无非一个意思——"为什么我就是得不到别人的赏识呢?"这里的"别人"可以是家人、领导、同事,等等。那么,为什么很多人都会有这样的抱怨呢?

沈楠和赵琴同时进入一家公司,可是沈楠的业绩一直比不上赵琴,眼看着赵琴从业务员一步步晋升为部门主管,一年的收入是自己的两倍多,沈楠不由得眼红起来。然而,沈楠并不是想着怎么努力改进她的业务能力、提升她的工作业绩,而是一味地抱怨:"哎,同时进公司,人家已经是老

跟谁都合得来

板身边的大红人,我还在原地踏步,真是伤心呀。老板为什么偏偏不喜欢我呢?这里面肯定有蹊跷。"

没过多久,沈楠的怨言就传遍了整个公司,连老板也有所耳闻。一天,老板把沈楠叫到办公室,对她说:"小沈啊,我对公司的员工从来都是一视同仁、不偏不倚,我没给你涨工资是因为你的业务能力还有待提高。你的业绩没有起色,我怎么能给你升职呢?如果我给你既涨工资又升职,其他员工会怎么想呀?"

听完老板一席话,沈楠感到非常尴尬。

赏识总是有原因的,没有人无缘无故就能获得别人的赏识,也没有人会无缘无故地赏识一个人。因此,如果我们想要获得别人的赏识,就必须给别人一个赏识我们的理由,即要让别人认为我们值得赏识,别人才会赏识我们。

上面这则故事中的沈楠,得不到老板的赏识是有原因的——老板不会赏识任何一个业绩平平的员工,然而沈楠根本没有意识到这一点,反而抱怨老板不公平,这无疑是非常幼稚的做法。如果我们没有得到别人的赏识,就要在我们自己身上找原因,看一看我们身上到底有没有值得别人赏识的品质。

有一个大学生自以为很有才,毕业后却找不到理想的工作,他认为自己之所以怀才不遇,是因为没有伯乐赏识他这匹"千里马"。

在痛苦和绝望中,这个大学生打算投海自尽,恰好有一个银发白须的老者路过,将他救了下来。

老者问大学生:"你为何要走绝路?"

大学生说:"我学有所成却得不到社会认可,没有人赏识并重用我,我已经万念俱灰了。"

老者沉思片刻，从沙滩上拾起一粒沙子，让大学生看了看，又把它抛在了沙滩上，然后对他说："你能把我抛掉的沙子捡回来吗？"

"根本不可能！"大学生摇了摇头。

老者从口袋中掏出一颗饱满的珍珠，把它抛在了沙滩上，问道："你能把我抛掉的珍珠捡回来吗？"

"当然可以。"大学生点了点头。

"你现在该明白了吧？"老者捋着胡须说。

大学生猛然醒悟，从此不再自暴自弃。

很多时候，我们之所以得不到别人的赏识，很可能就因为我们只是一粒普通的"沙砾"，而不是价值连城的"珍珠"。如果我们是一颗价值连城的"珍珠"，自然能引起别人的注意，得到别人的赏识。如果我们想得到别人的赏识，就要先努力让自己变成一颗璀璨的"珍珠"。

综上所述，如果没有人赏识我们，千万不要无谓地抱怨任何人或者任何其他因素，最好先从自己身上找一找原因，弄清楚我们是否有值得别人赏识的品质。如果经过一番审视，发现得不到别人赏识的原因出在我们自己身上，那么我们就要不断提高自己，让自己变得越来越优秀，这样别人才能发现我们值得赏识的地方，我们才能得到别人的赏识。

不卑不亢，才能让人刮目相看

不卑不亢，从根本上讲就是平等待人，在比自己强的人面前不畏缩，在比自己弱的人面前不骄纵。

跟谁都合得来

在纷繁复杂的社会上,虽然地位有高低、学问有深浅,但所有人的人格都是平等的。在人际交往中,我们不管做什么事情,与什么样的人交往,都要秉持"不卑不亢"的做人原则。事实上,也只有当我们做到不卑不亢时,交往对象才会对我们刮目相看,既不敢小瞧我们,又不至于疏远我们。《晏子使楚》的故事记述的就是晏子不卑不亢的行为典范。

晏子是齐国重臣,一向以雄辩的口才、敏捷的思维闻名于世。一次,齐王派晏子出使楚国,楚王想趁机羞辱齐国,同时也奚落一下被称为"齐国第一谋士"的矮个子——晏子。楚王一直认为晏子徒有虚名,所以非常看不起他。

楚王知道晏子个头矮小,特意让人在城门旁开了一个小门。晏子来到楚国都城时,守门的侍卫打开小门,请晏子从小门进城。晏子心里清楚楚王的用意,他站在门口对侍卫说:"请你禀报楚王,问他这里是什么地方。如果我出使的是狗国,自然应该从这个小门洞里进去;如果楚国不是狗国,那我还得从大门进去。"侍卫急忙禀报楚王,楚王无可奈何,只得让晏子从大门进城。通过这一次较量,楚王对晏子的看法有了一些改观。

晏子拜见楚王,楚王看着矮小的晏子,故作不解之状,问道:"齐国的人一定不多了!"晏子反问道:"大王何出此言?齐国仅国都就有成千上万户人家,热闹的街市上要互相侧着身子才能通过,真可谓'举手蔽日,挥汗成雨'。"楚王哈哈大笑:"既然如此,怎么会派你这样的人来做使臣呢?"晏子不动声色地回答:"大王有所不知,我们齐国有一条不成文的规矩:派遣使臣要依据出使国家的情况来定。对方的国君是明礼的,便派明礼之人为使臣;对方的国君是有才智的,便派有才智的人为使臣。这次实在找不出比我更愚蠢的人了,所以只好派我出使贵国。"楚王一听晏子这么说,心想这晏子真是能言善辩。

虽然楚王表面上假装若无其事的样子，但是心里并不服气，便招呼晏子到厅堂，安排酒席款待他。这时，有士兵押着一个犯人经过，楚王问犯人犯了什么罪，士兵回答说："这是一个齐国劫匪。"楚王故意摇着头对晏子说："齐国人怎么喜欢做这样的事？"晏子也假装叹气说："齐人在国内从不做犯法之事，到了楚国便成了这个样子，真是风气不同啊！"楚王无言以对，赶紧让士兵押着犯人离开了。

对于晏子的能言善辩，楚王至此算是彻底服了，连连赞叹道："久闻晏子是齐国第一谋士，今日一见果然名不虚传！"

原本对晏子没有一点好感的楚王，最终被晏子不卑不亢的人格魅力彻底征服，不但对晏子刮目相看，而且对他心生佩服之情。在人际交往中，如果因为对方在某些方面比我们强大，我们就表现出一副奴颜婢膝的样子来讨好对方，想要以此来获得对方的好感，往往只会取得恰恰相反的效果。那些不惜丧失尊严去逢迎在某些方面比自己强大的人，哪怕忍受傲慢无礼也在所不惜，这种"卑己而尊人"的做法确实不妥！

在俄国作家契诃夫的笔下，一个小公务员打了一个喷嚏，不小心溅到了上司身上，便多次找机会向上司解释，想要说明他并不是故意的。这仅仅是一件小事，上司原本没有放在心上，但小公务员的一再解释使他大为恼火，并且厉声责骂了小公务员。遭到上司的责骂后，小公务员又惊又怕，竟然忧郁而死。

小公务员不是死于生理疾病，而是死于一种病态的人格。在人际交往中，如果我们为了能获得别人的青睐和赏识，竟如此这般奴颜婢膝地讨好别人，肯定会让对方越来越讨厌我们。倘若我们能做到自尊自爱，与人交往不卑不亢，反倒很可能会获得别人的好感。鲁迅先生有一句话是这样说的："不要把自己看成别人的阿斗，也不要把别人看成自己的阿斗！"此

跟谁都合得来

话放到这里，再合适不过了！

欲取先予，长期注资人脉账户

> 为了你的幸福的生活和成功的事业，请不要忘记向你的人脉账户中"存款"。

人际关系对于一个人的生活质量和事业发展都有重要影响。当一个人的人缘非常好、社会关系非常融洽时，这个人往往拥有较为幸福的生活，事业发展也比较顺利。好人缘能汇聚人气，得意时可以和朋友一起分享喜悦，失意时可以得到朋友的安慰，非常有益于一个人的身心健康。良好的社会关系能使一个人在奋斗时遇到贵人，继而发现更多机会，成就自己的事业。而人际关系较差、不注重拓展人脉的人，在生活或者工作中常常会遇到各种各样的麻烦，而且绝大多数时候是独自承担、叫苦不迭。所以，我们平时要注重拓展人脉资源，向自己的人脉账户里长期注资，便能够积攒更多的人脉关系。

人脉看不见又摸不着，不像超市里的商品都有明码标价，它的价值是不能用金钱来衡量的。人脉可以让一个人左右逢源，没有到不了的地方，也没有谈不成的生意，更很少有做不成的事情，没有人脉时则会寸步难行、走投无路。人脉就像一个属于你的账户，需要不断向里面注资，才能让你的人生像一家企业一样顺利运行，这样你的生意才会越做越大。

一位禅师行走在漆黑的夜路上，不小心被别人撞了好几回。禅师正感到心中懊恼，却远远看见有人提着灯笼慢慢向他走过来，这时旁边有个路人说:"这个盲人真奇怪,明明什么也看不见,却每天晚上都打着灯笼。"禅师感到好奇,于是走近那个打灯笼的盲人,上前问道:"你真的是盲人吗?"那人回答说:"是的。我自从出生以来就没有见过一丝光亮,白天和黑夜对我来说是一样的,我甚至不知道灯光是什么样的。"禅师很迷惑,继续问道:"既然你不知道灯光是什么样的,为什么还要打着灯笼呢?"盲人回答说:"我听别人说,因为夜晚没有灯光,人们就像我一样看不到东西,所以我就在晚上打着灯笼出来。"禅师感叹道:"原来你所做的一切都是为了别人。"盲人沉思了一会儿,回答说:"不完全是为了别人,也是为我自己。"禅师更加迷惑了,急忙问:"为什么呢?"盲人反问答:"你刚才在路上有没有被人撞到过?"禅师如实相告:"当然有啊,刚才我就被两个行人不小心撞到了。"盲人说:"我是盲人,什么也看不见,但是从来没有被人撞到过。因为我的灯笼既为别人照亮,也让别人看到了我,路上的行人就不会撞到我了。"禅师顿悟,感慨万分。

盲人的灯笼既为别人照亮,也照亮了他自己,不但给路人在黑暗中行走带来了方便,也使得他自己免于被路人误撞。在人际交往中,我们可以采用类似的方法来拓展自己的人脉,当别人发现你的潜在价值时,也会给你提供实现价值的平台。当你的人脉关系经过积极拓展而变得广阔时,你就会像那个打着灯笼的盲人一样畅通无阻地行走于人世间。

拓展人脉的时候需要注意以下原则:首先要诚实守信。诚实能给交往对象带来安全感,守信会让交往对象觉得你值得信赖,才会将封闭的心灵之门逐渐向你敞开,成为你的朋友,汇入你的人脉。其次要懂得分享。当你功成名就时,不要忘记曾经帮助过你的人,因为他们以前就是你的人脉,现在更需要你花心思去巩固和维护,如果此时将他们抛弃一边,无疑会使你的人脉变得脆弱。

跟谁都合得来

不要一味追求名利，因为只顾事业的成功会让你错失生活中的精彩片段，会让你掉进欲望的陷阱里不可自拔，忘记生命在于追求快乐和幸福的本义。拓展人脉，不仅是为了事业成功，更是为了生活美满，所以千万不要忘记身边的亲人和朋友，他们可是你人脉圈中最主要的最坚不可摧的组成部分。

第 5 章

结交贵人，踏上终南捷径

每个人的成长都离不开自己的不懈努力，但只靠自己是很难取得成功的，因为整个社会是由每一个人组成的，我们离不开一些人的帮助，这些能助人一臂之力的人通常被称为"贵人"。如果你还没有获得成功，有可能不是因为你没有才华，而是还没找到你的贵人。为了不使你被埋没，就要转被动为主动，勇于毛遂自荐，让贵人发现你，切不可坐失良机，让贵人与你擦肩而过。

跟谁都合得来

 马跑不快,是因为没遇到伯乐

不要因为一直没有成功就轻易否定自己,要坚信自己是一匹千里马,只不过还没有遇到慧眼识才的伯乐而已。

很多人才华横溢却无处施展,结果被误以为是庸碌之辈,这个时候千万不能妄自菲薄,因为你不是没有真才华,只是没有遇到识"货"的贵人,就像神马还没有遇到伯乐。所以,要想让你的才华得以展现,让人们对你有正确的认识,就要充满耐心与毅力,找到能慧眼识才的贵人。

杂交水稻之父袁隆平的事迹世人皆知,这位对中国农业做出历史性贡献的杰出人物之所以能取得成功,离不开一位伯乐的大力举荐和鼎力支持,这个人就是严谷良。1981~1988年,严谷良时任国家计委科技局建设处处长,是他竭尽全力促成20世纪70年代末备受排挤的农科员袁隆平独立创办杂交水稻研究所,最终让中国一多半稻田种上了杂交水稻。袁隆平当时不是没有才能,而是因为受到排挤和压制,没有发挥才能的机会。直至遇到了严谷良,他的一双慧眼发现了袁隆平,造福了全国人民,造福了全人类。

在这个世界上,有一种东西叫"成功",人人都想得到它。可是现实是残酷的,只有努力为之拼搏,遇到生命中的贵人,才能实现矢志追求的目标。古人有天时地利人和之说,现在也有机遇之谈,是说一个人要想成功,除了有满腹才华之外,还要有贵人发现自己。

一天,一匹黑马对众马说:"我要去寻找伯乐,你们去吗?"其他马对它说:"如果你是千里马,为什么要去寻找伯乐?如果你不是千里马,又何必去寻找伯乐?即便找到了伯乐,也不一定会成为千里马!"众马的话不是没道理,但黑马还是决定去寻找伯乐。

黑马翻山越岭,风餐露宿,一天又一天,一年又一年,虽然很辛苦,但并没有消瘦,反而因为长久的奔跑,变得更加强壮,腿脚也更有力了。黑马跑了许多路,还是没有找到伯乐,于是它开始往回跑。

黑马回到了原来的地方,众马都围了过来,问道:"你找到伯乐了吗?"黑马说:"没有找到伯乐,但是我的收获很大!"众马又问:"你没有找到伯乐,能有什么收获?"黑马说:"经过经年累月的奔跑,我成了一匹真正的千里马,更重要的是我发现自己就是自己的伯乐。"众马听得似懂非懂,黑马解释说:"作为一匹千里马,不能等着伯乐来发现自己,要自己成就自己!"

黑马回来后不久,伯乐就风尘仆仆地赶来了,他是特地来找黑马的。

千里马常有,伯乐不常有,这是很多人的感叹。在职场,一些人经常以此为由发牢骚,说自己工作非常努力,也取得了不错的成绩,却得不到领导的肯定与赞扬,于是就自怨自艾、自暴自弃,认为一切努力都是白费劲,这样做显然是错误的。寻找伯乐是一个漫长的过程,甚至充满艰难困苦,一定要给自己信心,相信自己的能力。就像那匹黑马,首先要自己肯

定自己，自己做自己的伯乐。在寻找伯乐的过程中，黑马锻炼成了千里马，最终被伯乐找到了。

"天生我才必有用"，不要整天抱怨，不要时刻苦闷，而要努力寻找自己的贵人。法国作家大仲马年轻时没有什么引人注意的才华，一个编辑发现他字写得非常好，便大胆提携他当了作者，从此开始了让他声名远扬的创作生涯。很多时候，没有人认为你是千里马的原因是因为你没有跑出千里马的威风，如果想早点遇到伯乐，那就使劲跑起来，让普通人也能看出你是千里马。

❀ 攀龙附凤，天才也需贵人相助

一个人能获得多大成就或多少财富，与自身能力及合作伙伴的合作程度有很大关系。当你有很多愿意和你患难与共的人脉关系时，你在事业上就更容易成功了。

人们常说"爱拼才会赢"，偏偏有些人拼了命也不见赢，关键是缺少贵人相助。在攀登事业高峰的过程中，贵人相助往往是不可缺少的重要一环，有了贵人相助必然会增加成功的筹码。每个人的一生中总会遇到几位贵人。无论是亲戚、朋友、领导、同事或者陌生人，都有可能是你的贵人。

细心观察的人会发现，每家公司里总有那么一些人，平时爱到其他部门走动，人事、财务等核心部门更是重点光顾对象，有事就单纯说事，没事也混个脸熟，抓住机会更是烧上一炷高香。也许没过多久，成功机遇便主动找上这些人了。善于拉关系的人都有长远眼光，凡事早做准备、未雨绸缪，紧急时刻就会得到意想不到的帮助。

丁力在美国的律师事务所刚开业时，连一台复印机都买不起。当移民潮一浪接一浪涌进美国，他接了许多移民的案子，常常半夜被叫到移民局的拘留所领人，还得时不时地在黑白两道间周旋。他开着一辆掉了漆的本田车在小镇间奔波，兢兢业业地做着职业律师，天长日久终于有了一些成就。然而，天有不测风云，一念之差使他的股票投资几乎亏尽，更不巧的是移民法又再次修改，移民人数急剧减少，他的事务所顿时门庭冷落。

这时，丁力收到一封来信，是一家公司总裁写给他的，愿将该公司30％的股权转让给他，并聘请他担任总公司和其他两家分公司的终身法人代表。丁力实在不敢相信天上掉馅饼的事情，就亲自找上门一探究竟。那位总裁是一位40多岁的波兰裔中年人，问丁力："还记得我吗？"丁力摇了摇头，只见那位总裁微微一笑，从办公桌的抽屉里拿出一张皱巴巴的5美元汇票，上面夹着的名片上印有丁力律师事务所的地址、电话。丁力还是想不起有这一桩事情。

那位总裁回忆说："10年前，我在移民局排队办工卡，排到我时已经快要关门了。当时，我不知道申请费涨了5美元，移民局不收个人支票，我又没有多余的现金。如果那天我拿不到工卡，雇主就要另雇他人了，这时是你递给我5美元救了急，我要你留下地址，好把钱还给你，你就给了我这张名片。我只身一人来到美国，经历了许多冷遇和磨难，这5美元改变了我的人生态度，也成就了我今天拥有的一切，所以我不能随随便便就寄出这张汇票……"

这个故事颇具传奇性，而传奇往往带有偶然性，只要这种偶然性爆发，就会成为人生的重大转机。尽管丁力起初不是有意为之，却是无心插柳柳成荫。无意之间的滴水之恩，带来的是受助者日后的涌泉相报。

跟谁都合得来

某公司有两个小青年,第一个青年精明能干,很受老板的器重,大大小小的事情都放心交给他去办。第二个青年不怎么显山露水,平时的额外工作也不多。时间久了,第一个青年心里就有了一些想法,觉得钱没比别人多拿,事却干了不少,实在是不划算。后来,老板买了一套房子请人装修,让第一个青年帮忙照料一下,他找借口推辞了。第二个青年主动请缨去现场监工,每天都到很晚才离开,他在与装修公司打交道的过程中受到了很多启发。装修完房子后不久,老板宣布提升第二个青年为某部门主管。第一个青年感到愤愤不平,不管是论能力还是论业绩,他都是公司里最突出的,但好事却落在了别人头上。其实,这都是因为他对工作干多干少太过于计较,又不了解老板的真实用意而造成的。

伯乐与千里马的关系,强调彼此要以诚相待,既然你今天有恩于我,他日我必投桃报李。任何人干事业都可以寻找一位贵人,但必须谨记以下几点:首先得是一个你真正景仰的人,而不是你嫉妒的人,并且绝不是因为看重人家的权势。其次是摸清贵人提携你的动机。有些人喜欢找人为他做牛做马,万一出了事就可能成为替罪羊。最后要谨记饮水思源、知恩图报,否则就会被人指着鼻子斥为忘恩负义之徒。

有了贵人提携,再加上不懈努力,你的成功之日就不远了。正像晚清红顶官商胡雪岩所说:"你做初一,我做十五,你吃肉来我喝汤,大家才能共同发财。"也许你在业务上很内行,假如没有人愿意帮助你、支持你,你的事业就不会有太大发展。要知道成功的90%是协调关系、和谐共处带来的,只有10%才是技术突破和改进带来的。

擦亮眼睛，别与贵人擦肩而过

大家要擦亮自己的双眼，成功抓住结识贵人的机会，让自己在通往成功的道路上多一些平坦、少一些坎坷。

贵人对一个人成功的重要性不言而喻，所以一定要努力寻找、好好把握。发现贵人时要擦亮眼睛，不能因为一些疏忽或者失误，导致与贵人擦肩而过。当贵人没有被你把握住的时候就已经离你远去，或者当贵人已经离开了你才后知后觉，你一定会感到后悔莫及。请不要给自己留下遗憾，认真仔细地寻找贵人、把握贵人，抓住那些不能轻易得到的机会，努力成就自己的事业。

《放牛班的春天》是一部非常感人的电影，使很多失落的心灵得到了抚慰。片中的助教克莱门特是一位才华横溢的音乐家，刚来到学校时面对的是一群问题少年，他没有因此放弃努力，用独特而巧妙的方式，打开了学生们封闭已久的心灵。所有学生当中，皮埃特的性格最为怪异，但是克莱门特用他的真诚和爱心感化了这只迷失已久的"小羔羊"。皮埃特拥有一张天使般的面孔和歌喉，他的音乐天赋在克莱门特的谆谆教导下被充分发掘出来。可以说，克莱门特是皮埃特音乐道路上的伯乐。

如果没有克莱门特这位贵人，恐怕皮埃特还会继续迷失下去，找不到人生的方向。在现实生活中，很多人都希望自己能像皮埃特一样幸运，遇到一位懂得欣赏自己的伯乐，实现自己的梦想。

一个人要想获得一定的成就，往往需要高人指点，而拥有"点石成金"

跟谁都合得来

本领的人就是我们常说的贵人。谁都希望能遇到自己的贵人，当贵人出现在你身边时，千万要睁大你的眼睛，不要让贵人与你擦肩而过。

亚伦·桑德斯先生曾经对美国著名人际关系学家戴尔·卡耐基说："我今天之所以能小有成就，一切都要感谢我的老师保罗·布兰德威尔先生，我在他的课堂上学到了人生最有价值的一课。那时候我才十几岁，却经常为各种事情担忧，为自己犯下的错误而自责。交上考卷，我常常夜里睡不着觉，不停地咬我的指甲，心里想着要是不及格，我该怎么办？对于我做过的事情或说过的话，我会经常想着要是当初我没做那些事该多好，或者当初我没说那些话该多好。"

有一次在课堂上，保罗·布兰德威尔老师将一瓶牛奶放在办公桌边，正当大家望着那瓶牛奶发呆时，他却突然将整瓶牛奶击碎在水槽中，大声说道："不必为已经打翻的牛奶哭泣。"然后，他让全班学生都到水槽边看那瓶打碎的牛奶，并且对大家说："你们好好看一看，我就是要你们永远记得这一课。现在当然看得出来，这瓶牛奶已经漏完了，不管你再怎么可惜、心疼、抱怨，都没有办法再挽回一滴。现在我们要做的，就是想一想以后怎样预防此类事情的发生，尽力寻找保住牛奶的办法。但是现在不行，一切都太迟了，这瓶奶已经确定没有了。我们能做到的就是努力忘掉这件事，开始关注下一件事。"

亚伦·桑德斯先生对保罗·布兰德威尔老师的这一举动和这一番话记忆深刻，它们的教诲作用要远远超过他同时期学到的其他知识，使他明白了这样一个道理：尽最大可能不去打翻牛奶，万一不小心打翻了而且漏光了，就该彻底把这件事情忘掉。

良师益友对一个人的成长尤为重要，他们会对一个人一生产生深远的影响。正如亚洲首富李嘉诚所说："良好的品德是成大事的根基，成大事的机遇是靠遇到贵人。"好莱坞流行这样一句话:"你的成功与否不在于你是谁,而在于你认识谁。"我国自古以来就有"贵人相扶如天助"的说法。中西方文化的差异不言而喻,但在贵人这一点上竟有如此近似的理念,可见贵人对于我们的成功至关重要。

毛遂自荐,让识货贵人选中你

是金子总会发光不假,但是现如今人才济济,金子实在太多了,要想让别人看到你的光芒,就得主动展示才华。

沉稳处世当然会显得有深度,但是在接触机会本来就很少的情况下,你不主动展示才能是很难让人认识你的。主动展示才能并不是傲慢和炫耀,而是为了争取被贵人选中的机会。毛遂自荐,主动推销自己,让贵人一眼就看到你。

世界著名男高音帕瓦罗蒂到北京音乐学院参观访问时,很多学生家长都想让这位超级歌王听一听自己的孩子唱歌,目的就是想拜他为师。帕瓦罗蒂出于礼貌,只得耐着性子听下去,但他一直没有表态。

黑海涛是一位来自陕北的大学生,历尽艰辛考入北京音乐学院,他也想得到帕瓦罗蒂的指点,但他知道自己没有任何门路。难道白白浪费这么好的机会吗?黑海涛不甘心,他灵机一动,就在窗外引吭高歌世界名曲《今夜无人入睡》。一直茫然的帕瓦罗蒂欣喜若狂:"这个年轻人的声音很像我,他叫什么名字?愿意做我的学生吗?"黑海涛非常幸运地成为这位世界著名男高音的学生。

跟谁都合得来

1998年，意大利举行世界声乐大赛，黑海涛取得了第二名的优异成绩，从此成为奥地利皇家歌剧院的首席歌唱家，名扬世界。

如果黑海涛拘泥于没有背景就不敢攀高枝的想法，那他必然不会鼓起勇气引吭高歌，帕瓦罗蒂也就不会发现他，千载难逢的机会自然与他无缘。在现实生活中，让贵人了解你的最好办法，就是像黑海涛一样主动展示自己。因此，当你遇见贵人的时候，不要因为外在干扰而畏缩不前，要大胆地毛遂自荐，让贵人一见倾心。

欧友德到一家广告公司应聘策划主管，由于该职位待遇丰厚，接待处被应聘者挤得水泄不通。这时，欧友德灵机一动，大声喊道："请大家自觉遵守秩序，排成三排耐心等待！"应聘者看到欧友德与工作人员站在一起，都以为他是考官，便很快排好了队。欧友德把应聘者的简历收在一起，把他的简历放在最上面，自然而然第一个接受面试。真正的考官早已将欧友德的所作所为看在眼里，仔细翻阅了他的简历以后，直接告诉他："你被录用了。"

欧友德真是一个聪明人，毛遂自荐的方式不拘一格，虽然一些行为有"犯规"嫌疑，但是他面试之前的所作所为都被考官看在眼里，的确为他加分不少。每个人都要选择适合自己和最能展现自己的方式来推销自我，在进行自我推销时不妨加点创意，注意利用一下周围的环境。

自荐需要自信，因为你要让人们知道你是强者，这样才能显示你有能力胜任工作。如果你畏畏缩缩，连话都不敢说，说话的声音又很小，别人会认为你是一个不能担当重任的人。所以，自我推荐时要充满自信，要突出重点优势。你的优势会让你非常出彩，会给人留下深刻印象，这是自我推荐的宝贵财富。

此外，一定要注意自信的尺度，不要自信过了头，那就会变成自负。

没有人喜欢目中无人的人,傲慢只会让人更加疏远你,这无异于自己给自己亮红牌。强中自有强中手,高人背后有高人,一定要不卑不亢、谦虚自信,让贵人识出你的真品质,获得贵人的欣赏和成功的机遇。有实力又不张狂的人才是用人者心中的得力干将。

关注长远,结交贵人要放长线

每个人都有不断寻求安全感和提升自己的需要,这时候往往需要借助他人之力,结交贵人是助你成功上道的最快捷方式。

在现实社会中,"攀高枝"并非是令人不齿的行为,有时甚至非常有必要。我们可以将攀高枝理解为成就事业的捷径,纵使你才高八斗、学富五车,如果没有人赏识你、支持你,往往也很难成功。

1927年8月,国民党内派系错综复杂,政治局势千变万化,蒋介石处于矛盾的漩涡中,被迫第一次下野。为了以退为进、东山再起,蒋介石把蒋宋联姻视为重要资本。蒋介石心里清楚,与赫赫有名的宋氏家族联姻,既可以获得孙中山的神秘权威,又可以获取宋家在政治上和经济上对他的支持,并借此建立一个亲西方的政府,扫除亲日的段祺瑞政府,防止出现亲苏的"左倾"政权,真可谓一举多得。

当时还未在中国政坛站稳脚跟的蒋介石,迫切需要国际上的认可和支持。善于钻营的蒋介石独具慧眼,看上了宋家三小姐,他认为只要抓住宋美龄,就能打通与江浙财团代表人物宋子文、孔祥熙的联系通道,争取到这两个人就等于拿到了钱袋子,争取到了和西方打交道的财力支援。所以,

跟谁都合得来

蒋宋联姻是权势与财势的结合,这桩婚姻的意义非比寻常。

宋美龄果然给蒋介石带来了好运。1928年1月,蒋介石重任国民革命军总司令。1928年2月2日,在国民党二届四中全会上,蒋介石被推举为中央政治委员会主席和军事委员会主席。1928年10月,蒋介石出任南京国民政府主席兼陆海空军总司令,实行"以党治国"的训政。从此,蒋介石独揽党政军大权,逐步登上了权力顶峰。

蒋中正受孙中山赏识而崛起于民国政坛,在孙中山病逝后长期领导中国国民党达半世纪,在国民政府时代一直居于军政核心,领导中国渡过了对日抗战,行宪后又连续担任第一至五任中华民国总统长达27年。蒋介石的从政生涯横跨北伐、训政、国共内战、对日抗战、行宪、国民政府退守台湾及东西方冷战,在中国近代史上有重要地位。

在蒋介石拥有了很多的时候,他依然攀上了宋氏家族的高枝,可见高枝是相对而言的。中国古代著名谋略家姜子牙能力非凡,可是这样有大能耐的人也照样攀高枝,而且攀得巧、攀得妙,攀出了周国的太师身份。

商朝末年,西伯侯姬昌立志铲除纣王、复兴周国,姜子牙为了引起求贤若渴的西伯侯姬昌的注意,便在渭水之滨垂钩钓鱼。这里风景秀丽,是个隐居的好地方,但姜子牙并非要老死林下,而是静观时变,待机行事。

一天,姜子牙听说西伯侯姬昌要来附近打猎,就假装独自在兹泉垂钓。姜子牙故意把鱼钩提离水面三尺以上,鱼钩上也不放鱼饵,引起西伯侯姬昌的好奇:"先生这般钓法,鱼儿能上钩吗?"

姜子牙见西伯侯姬昌果然是位非凡人物,就进一步试探道:"休道钩离奇,自有负命者。世人皆知纣王无道,可是西伯长子就甘愿上钩。纣王自以为智足以拒谏,言足以饰非,却放跑了有取而代之之心的西伯侯。"

西伯侯姬昌闻言大吃一惊,心想:"这位老者身居深山,何以知天下大事？他能把我的心迹看得如此透彻，定然不是凡人！"于是连忙躬身施礼，说道："愿闻贤士大名？"

姜子牙客套了一番，随即同西伯侯姬昌一起乘车回宫，一路上纵论天下大势，口若悬河。西伯侯姬昌相见恨晚，随即拜姜子牙为太师，倚为心腹。

才能非凡的谋略家姜子牙攀上了西伯侯姬昌这棵大树，坐上了周国太师的高位，倘若他抱定忠臣不事二主的观念，恐怕到死也不过是无名小卒。俗话说："人往高处走，水往低处流。"人人皆有出头向上的本能，想要成就大业就应该巧妙地"择木而栖"。如果你有才华有抱负，不要害怕攀高枝儿。酒香也怕巷子深，站在巨人的肩膀上，你会拥有更高的高度。

真诚从容，多与贵人真情相处

没有人喜欢被人利用，不论贵人是你的领导、同事、亲戚、朋友，都要多一些真诚、少一些利用，让你们之间的关系更加融洽。

想与贵人"套磁"，不能直接明了地提出各种要求，好像用钩直接想把鱼从河里钓起来一样，这样做成功的希望不能说没有，但微乎其微。学会使用见饵不见钩的技巧，让贵人只看到你对他的关注，使贵人觉得"这人好像很了解我"，等到时机成熟时，你的要求也就水到渠成了。有位编辑向著名学者钱锺书约稿，就是使用了这种方法，请看他的自述：

媒体把学界泰斗钱锺书先生的脾性渲染得那么乖僻。数年前我曾参与编撰地方名人词典，同仁说钱老的材料不易到手，写信、发公函都杳如黄鹤，主编也为此大伤脑筋。我想碰碰运气，因前车之鉴，特行事而不张扬。

跟谁都合得来

我之所以决定试试,因为:一、我对钱老的著作及学术成就有所了解。自1961年其力作《通感》问世以来,先生之名即铭刻脑际。二、钱老的叔父钱孙卿先生是我所在学校的前任老校长。凭此两条,我建立起信心。自忖籍籍无名,故投石问路,先迂而回之。

钱老伉俪情趣高雅,每常调侃,幽默诙谐,相与为乐。杨绛女士称夫君为"黑犬才子",此系钱老之字"默存"分拆而成的离合体字谜。于是我不揣冒昧为他们姓名编了两条灯谜,"文化著作"射"钱锺书","柳絮飞来片片红"射"杨绛"。信中先呈上拙作,然后陈述其叔父举学之业绩。

很快收到回信,喜不自胜。内附联名贺卡,蓝底金字,庄重雅致。特别是钱老签名的明信片,三字会飞,神旺气足,独具风采。天性率真如此,钱老并不像传言所述那么古怪。

既得陇,又望蜀。于是又发函委述父老乡亲对他们眷恋之情,举其母校因"首编"未见钱老条目甚有烦言,愤而拒购《词典》;再述地方史籍龙套频频出场,主角不亮相,戏唱不成之态势等,希望他们惠赐一手资料。

不久又得复函:"来函敬悉。我们对国内外名人传记请求供给材料,一概敬谢,偶有关于我们的条目,都出于他们自编。不便为你破例。"好事多磨,果然吃了闭门羹。

设身处地想想,若来者不拒,频繁应酬,对其将是灾难。老人自有他们厘定的处世原则,一以贯之。倘畸轻畸重,必然造成精神上的两难折磨。故乡情虽深,也未可贸然破"法"。初看山重水复疑无路,细思既然全般供给材料不成,何妨另辟路径。"自编"草稿,呈其复核,不是同样可以完成组稿任务吗?柳暗花明又一村。于是将有关钱老的传记材料写成小传,另附若干疑题,一并发函请教。

在不安中接读复函:"遵命将来稿删补一下,奉还。"对小传中的名号大都删除，批曰："不合体例。"又订正了兰田（蓝田）之讹误。大喜过望，至此组稿任务完事大吉。

同仁无不拍手相庆。钱老先生年过有期，犹不失赤子之心，何乖僻之有。

大家都知道被人利用会让自己很不舒服，会有一种类似"被骗"的感觉。通过贵人的指点或者提携能使你的事业更上一层楼，贵人的作用很明显地显现出来，那么在你感受成功喜悦之时，贵人多多少少会觉得你是在利用他获得成功。这时你需要一些情感回馈行动，以消除贵人"被利用"的心理。受到贵人帮助时，要记得用真情打动贵人，不要总是想方设法从贵人那里搜刮好处，而应该以一颗真诚感恩的心来面对你的贵人，少一些利用，多一些真情。

曾经有一个人非常自私，为了实现目标往往不择手段，甚至有心狠手辣的一面。处于事业起步阶段的他，为了能在公司有更好的发展，很注重用攻心术引起领导的注意，赢得上司的赏识。通过不懈的努力，他获得了常务副总经理的认可，在很短的时间内晋升为部门主管。常务副总经理是想拉年轻人一把，把他培养成自己的得力助手，让他有更好的发展。但是，这个自私的年轻人只把常务副总经理当作一个晋升台阶，后来他通过在董事长面前的抢眼表现获得再次升迁，已经属于常务副总经理无法驾驭的高管。可恨的是，他竟然对常务副总经理视而不见，根本不把其放在眼里，不能不叫人心寒。最后，这个自私的年轻人因为重大的工作失误给公司造成了巨额损失而被开除，这个恶果本可以听从常务副总经理的好言相劝而避免。

年轻人为了理想而努力奋斗没有任何错，但是把曾经帮助过自己的贵人当成脚下的台阶踩着向上走就不对了。做人要懂得感恩，特别是对自己

跟谁都合得来

有过帮助的贵人，一定要饮水思源、知恩图报。人不能只为了利益而活，如果人与人之间只是利益关系，那么这个社会就会变得很可怕，因为没有真情的社会是冷漠的，人是冷血的。只知道利用贵人飞黄腾达的人，下场一般不会好到哪里去，因为这样的人不近人情、不懂感恩，只晓得谋私利。所以，在与贵人相处时要少一些利用、多一些真诚，你们之间的关系会更加融洽，也会使贵人觉得帮助你非常值得，从而心甘情愿做你的贵人，这样有利于你的长远发展。

一般情况下，贵人会出于具体原因帮助你。例如，你是一个难得的人才，一般人都有爱才心理，为了不使人才被埋没，肯定会出手帮你。贵人多少会觉得在帮助你飞黄腾达后会对自己有好处，但是又有怕你成功之后不把他放在眼里的担忧。所以，贵人往往是爱恨交织，既期待有回报，又害怕受伤害。亚洲首富李嘉诚说："一个人的富贵是内心的富贵，贵从一个人的行为而来。"受到贵人提携的人，一定要减少对贵人的伤害，让贵人觉得所有的付出都是值得的。

"先不要问别人能为你做什么，要先问你能为别人做什么。"这是畅销书《别独自用餐》的作者启斯·法拉利摸索出来的最重要的结识贵人之道，他从一个劳工家庭出身的高尔夫球场杆弟成长为顶尖企业的领导人，不是总想着利用贵人能为自己谋到什么好处，而是常常想自己能为贵人做些什么。我们应该少一些借助贵人达到某种目的的想法，多一些真情让贵人感受到我们发自内心的真诚。

贵人相助，成功之路近在眼前

一个人成熟的表现很大程度上在于是否已经开始收获自己的人脉，结识赏识自己的贵人。一个人的知识和经验可以逐步积累，创造成功的人生仅有个人的勤奋与努力是不够的，贵人的帮助非常重要。

一个人获得成功除了自身努力外，还可以靠"天时"，可以借"地利"，可以凭"人和"。"天时"和"地利"不是我们能掌握的，但"人和"是能利用条件创造的。多结交贵人能为你争取更多发展机会，把握住这些宝贵的发展机会，你就会离成功更近一步。

结交贵人能让你抄近路走向成功，因为贵人相助能缩短你奋斗的时间。贵人能帮你开阔视野，启迪心智，让你不再鼠目寸光，不再一叶障目；贵人能为你指点迷津，发掘捷径，让你少走很多弯路；贵人能给你提供更多发展机会，让你有施展才华的平台。结交贵人能使你创造更多可能性，不断激励你奋发向上，力争上游。

威廉·杰斐逊·克林顿17岁时见到了美国第35任总统约翰·F.肯尼迪，后来毅然决定竞选美国总统。克林顿见到肯尼迪总统之前是读音乐系的，自从见到肯尼迪总统以后，他开始决心从政。如果克林顿当时见到的是著名摇滚歌手猫王，可能他永远也当不了总统。也就是说，一个人的成功与他的人际环境相关联，而贵人能给你带来积极的影响。失败者之所以消沉和失意，是因为他们处在一个消极的人际环境中，常常与失败者为伍。

结交贵人固然重要，但是更要讲究方法，要有足够的耐心和坚定的信

跟谁都合得来

念,指望一次就如愿以偿是很不现实的。很多人在第一次尝试失败后就捶胸顿足、恨天怨地,发誓再也不去追寻那个自命不凡的贵人,结果与成功失之交臂。在遭遇挫折时不要气馁,要越挫越勇,跌倒后马上站起来,这样才能赢得贵人的尊重和赏识,结交贵人的可能性也会更大。

一名大学毕业生连续给一家大公司的老总写了好几封信,剖析了该公司在国内市场的发展利弊,并明确说明了他能够给公司带来什么变化。老总非常赞同这名大学毕业生的观点,将他招进了公司核心部门,并且很快提拔了他。

事实上,很多大学毕业生也给这家大公司的老总写过信,信中不乏热情洋溢的话语,但结果都杳无音信。这些写信的大学毕业生,有想法的人很多,能做事的人也不少,但是清晰知道自己要干什么的人少之又少。关键还是你能给公司带来什么,说得直白点就是你有什么样的价值。

在结交贵人时,要提前进行比较透彻的了解和较为详细的分析,这样做不但自己心里有底,可以比较有针对性地进行交流,能够起到吸引贵人注意力的作用。最重要的一点是把你的才能展现出来,让贵人看到你的价值,这样才有可能给你提供施展才能的平台。所以,结识贵人时不能遮遮掩掩,如果贵人不能对你有充分的了解,自然也就对你失去了兴趣。机会在于创造,更在于把握,结交贵人,会使你离成功更近。

一份调查报告指出:一个人赚的钱,12.5%来自知识,87.5%来自人脉;一个人事业取得成功,80%归因于与人相处,20%来自于自己的心灵。所以,如果你想要成就一番事业,就必须尽早构建能够支撑你梦想的人际关系网。发现你的贵人,结交你的贵人,让贵人发挥作用,这对于你的成功必不可少。

第6章
攻心为上,有效说服他人

现实生活中,我们很多时候都需要说服他人:说服父母、说服领导、说服顾客、说服朋友……甚至当你面临威胁时,需要你临危不惧地巧妙使用说服技巧,使歹徒放弃恶念恶行,避免造成严重的恶果。可是,如果不懂得说服的技巧,就难以达到理想的效果。只有把握好说话的分寸,才能把话说到他人心里去,才能有效达到让他人听取你意见的目的!

跟谁都合得来

❀ 消除戒备，多让他人说"是"

在人际交往中，最怕的是他人在心理上对你"严阵以待"，即使你有经天纬地之才，也没有人愿意听你高谈阔论。所以，要想他人消除戒备，不被他人拒之门外，就得多让他人说"是"。

因为陌生，人们会在心里彼此互相戒备；因为陌生，人们会对彼此的言谈举止产生怀疑。如何打破因为陌生而产生的僵持，对于不善交往的人显得尤为重要。纽约市立学院哲学系主任哈里·A.奥弗斯特里特在《影响人类行为》一书中提供了一个切实有效的解决方法，他称这种方法为"获得肯定回答的艺术"。他在书中说："我们得到他人愈多的'是'，我们就愈能为自己走进他人的心理争取主动权。推销商品也好，其他的一切需要使他人信服的事也罢，这一法则都很有效。利用这一法则可以有效地打破因为陌生而产生的僵持局面。"

一个专门从事儿童故事书推销工作的年轻人来到一户人家，当他敲开门看见女主人时，如果他不懂得心理策略的话，他会直接问："你想给孩子买一套好看的故事书吗？"

如果他这样问，女主人很有可能会说："不需要！"然后用力把门关上。

聪明的推销员是不会以上述方式开始与人谈话的，他会说："太太，您家有学龄阶段的小朋友吗？"

"是的。"

"您家孩子平时喜欢看书吗？"

"是的。"

"您觉得看书对孩子有帮助吗？"

"当然有！"

"那么，您看看我们出版的这本故事书怎么样？"

这样，销售员在亲切的询问中，渐渐消除了女主人的戒备心理，不知不觉已经接近了女主人。虽然，他不一定能立刻拿到订单，可是至少已经有了一个良好的开端。

在人际交往中，当他人说"是的"或心里这么想时，我们已经接近他了，因为我们非常了解他的需求，还特别尊重他。因此，他人也同样会关注我们，并表现出十分温和的态度。有时，如果我们与人打交道时得不到对方一个"是"的回应，那么最好想方设法不让对方说出"不是"这个词。

20世纪初，美国第31任总统赫伯特·克拉克·胡佛想让英国首相劳合·乔治采纳一个有关战时比利时财政计划的重要建议，劳合·乔治看了胡佛的备忘录后认为这一建议并不合适，想与胡佛另行沟通，告诉他自己的意见。

对于劳合·乔治可能有的态度，胡佛早就做好了准备。因此，在与劳合·乔治谈话之前，胡佛就先让劳合·乔治陷入他的重围之中。在劳合·乔

跟谁都合得来

治准备给胡佛泼冷水之前，胡佛就很仔细地将他的想法和动机，以及计划的必要性与执行的方式，向劳合·乔治进行了一一解释。胡佛不断陈述他的想法，劳合·乔治根本插上嘴，只能静静地听着……胡佛明白什么时候适合说话，什么时候应该保持沉默，他很清楚这次应该是劳合·乔治听他说话。

就在胡佛仍滔滔不绝地说话时，劳合·乔治就已经改变了先前的主张。胡佛停止说话后，劳合·乔治静静地坐了很长时间，才说："本来，我与你交流是想诉你这件事是根本行不通的，可现在我觉得它可以实行，而且应该实行。因此，我会立即做一些必要的安排。"

高明的胡佛知道，要想让他的计划得以实施，就要尽力阻止劳合·乔治说"不是"。需要注意的是，这种不让他人开口说话的方法，并不是放之四海而皆准的，需要使用者对症用药、量体裁衣，否则就会适得其反。

比如，有一些推销员在与客户交谈过程中，总喜欢滔滔不绝地给客户介绍产品，而不给客户安静思考的机会，客户只好不停地点头，嘴里不住地说："是，不错，东西很好，我们要好好研究一下……"心里却很不高兴。最后，客户十分有礼貌地把推销员送出了大门，而推销员还在纳闷：到底是自己的产品不好，还是自己介绍得不好。

虽然这类推销员貌似与胡佛采取的策略相似，但是根本上的最大区别就是胡佛掌握了谈话的尺度，给了对方认真思考的时间，而推销员错在没有给客户自己做主的机会。当客户觉得自己连考虑的机会都没有，连自己作决定的机会都没有时，他哪还有购买产品的欲望呢？在人际交往中，如果一方发现自己没有被对方尊重，纵然对方说得再好，也不会有继续交谈的兴致。

与人交流是为了让对方接受你的观点、听取你的意见，对于还没有与你建立信任关系的陌生人,最需要的不是什么谈话技巧,而是取得对方的信任,这样才会消除对方的戒备心理。对于那些和你意见相左的人来说,如果不能让对方说"是",就至少要避免他说"不是",这样才能有效地化解当下的困境。

将心比心,站在对方立场思考

站在对方的立场上思考问题,这种投其所好的技巧常常能产生为他人着想的感觉,具有极强的说服力。

如果你要说服一个人做某件事,开口之前最好先问问自己:我怎样才能使他愿意去做这件事呢?心理博弈高手往往站在对方的立场上考虑问题,要做到这一点"知彼"十分重要,你必须先要理解他。

齐国孟尝君田文又称薛公,让齐为韩、魏攻打楚,又为韩、魏攻打秦,而向西周借兵求粮。韩庆(在西周做官的韩人)为西周的利益着想,对薛公说:"您让齐为韩、魏攻楚,五年才攻取宛和叶以北地区,增强了韩、魏的势力。如今又联合攻秦,继续增加韩、魏的强势。韩、魏南边没有对楚侵略的担忧,西边没有对秦的恐惧,这样幅员辽阔的两国愈加显得重要和尊贵,齐却因此显得轻贱了。犹如树木的树根和枝梢更迭盛衰,事物的强弱也会不断变化,臣私下替齐感到不安。莫如暗中与秦和好,您兵临函谷关而不要真的攻秦,让敝人把您的意图转告秦王:'薛公肯定不会破秦来扩大韩、魏,他之所以进兵,是企图让楚割让城池给齐。'这样,秦王将会放回楚怀王与齐保持和好关系(当时楚怀王被秦昭公以会盟名义骗入

跟谁都合得来

秦地并被扣押），秦得以不被攻击，而拿楚的城池免除灾难，肯定会愿意去做。楚怀王得以归国，必定感恩于齐，齐得到楚的城池而愈发强大，薛公封地也就世世代代没有忧患了。秦解除三国兵患，处于三晋（韩、赵、魏）的西邻，三晋也不会来攻打齐。"孟尝君听闻此言后慨然作罢，不再提向西周借兵求粮之事。

说服他人的关键是要打动对方的心，这需要我们以对方利益为根本出发点，让对方明白各种利害关系，只有这样做才会达到说服他人的目的。上述事例中的韩庆正是以齐国利益为出发点，让孟尝君打消了向西周借兵求粮的念头。

美国著名人际关系专家戴尔·卡耐基每季度都要在纽约市一家宾馆租用大礼堂20个晚上，专门讲授社交训练课程。当他一切准备就绪时，忽然接到一则通知，宾馆经理要他付原价3倍的租金。此时入场券已经寄出去了，开课的其他事宜也都已办妥，他必须得和宾馆经理交涉一下这件事。可是，怎样才能让宾馆经理退让呢？

两天以后，卡耐基找到宾馆经理说："我接到你的通知时有点震惊，但并不能怪你。假如我处在你的立场，或许也会这么做。你是这家宾馆的经理，你的责任是让它尽可能赚到更多利润。你不这么做的话，你的经理职位可能就不保了。假如你坚持要增加租金，那么让我们来估算一下，这样对你到底是有利还是不利？先讲有利的一面。大礼堂不租用为讲课场所，而是租给举办舞会、晚会活动的单位，那你一定可以获得较高利润。因为举办这一类活动的时间并不长，所以他们愿意一次付出高额的租金，比我能支付的金额当然要多得多。租给我，显然你吃大亏了。再来说不利的一面。你增加我的租金，却是降低了你的收入，因为实际上等于你把我赶走了，由于我付不起你要的租金，我势必得再找别的地方举办训练班。还有一个对你不利的事实，这个训练班将吸引上千位有文化素养的中上层管理人员到你的宾馆来听课，对你来说这难道不是个不用花钱的活广告吗？事实上，你花 5000 美元在报纸上登广告，也不一定能邀请到这么多人亲自到你的旅馆来参观，可我的训练班学员却全让你邀请来了。这难道不合算吗？"

最后的结果当然是宾馆经理让步了。

在卡耐基成功说服宾馆经理的过程中，没有谈到一句关于他想要什么的话，而是站在对方的角度分析问题。可以设想，如果卡耐基怒气冲冲地迈进宾馆经理办公室，扯着嗓门吵嚷："你明明知道我把入场券都寄出去了，开课的相关事项也都准备就绪了，你却要增加租金，这不是存心整人吗？我才不付哩！"那该会是怎样的局面呢？即使卡耐基能言善辩，宾馆经理也很难向他认错并改变主意。设身处地替他人着想，比一味争辩要高明得多，不管是谈生意还是谈判都是如此。

站在对方的角度思考问题，就要首先站在对方的立场上，说出对方想听的话。当一个人的想法遭到别人反对时，极可能为了维护自己的尊严，固执地坚持自己的观点。

真诚赞美，就会获得他人认同

赞美能给人前进的动力，是承认他人价值的表现，很容易赢得他人的好感，更容易达到说服他人的目的。

当听到别人对自己的赞美时，大多数被赞美者都会对赞美者产生好

跟谁都合得来

感,即使那些溢美之词不是真的。心理学专家通过实验发现,对他人品格、态度或者表现的积极评价,可以使被赞美者对赞美者产生好感,并心甘情愿地按照赞美者的意愿行事。

基于此,我们不难得出结论:赞美是一种不可思议的力量。每一个想说服他人的人,第一个有效的办法就是赞美别人,这绝不能等同于阿谀奉承,能恰当地运用赞美的人是非常受人欢迎的,他们常常能从赞美中获得意想不到的收获。

有一天,杰克和太太去拜访几位亲友。下午的时候,太太让杰克陪一位老阿姨聊天,她单独去见几个年轻亲戚。

杰克对这位几乎从未见过面的老阿姨并不了解,所以就想找一些能够拉近他们之间距离的话题。他决定赞美一下老阿姨居住的老房子,以便为下面的聊天寻找话题。

"这栋房子有100年历史了吧?"杰克问道。

"是的。"老阿姨回答,"正好100年。"

杰克说:"这使我想起了父母亲住过的老房子,我是在那里出生的。您的房子很漂亮,盖得很好,有很多房间。现在已经很少有这种房子了。"

"我非常同意你的观点。"老阿姨表示同意。

"现在的人已经不在乎房子漂亮不漂亮了,他们只要有个地方住就够了,然后开着车子到处跑。"杰克说道。

"这座房子有我的梦。"老阿姨的声音有点颤抖了,"这是一栋用梦造成的房子。我的丈夫和我梦想了好几年,它完全是我们自己设计的。"

老阿姨带着杰克到处参观,杰克热诚地发出赞美。看完了房子以后,老阿姨带着杰克来到车库,那里停着一辆别克车,几乎没有使用过。

"这是我丈夫去世前没多久买给我的。"老阿姨轻声说,"自从他死后,我就没有动过它。你是一个懂得欣赏好东西的人,我就把它送给你吧,它也需要一个好主人。"

"不,阿姨。"杰克连忙说,"我知道您很慷慨,但是我实在不能接受。我已经有一部车子了,况且我们的关系并不算很亲密,我相信您有许多亲戚很喜欢这部车。"

"天哪!"老阿姨激动地说,"你是说我的那些亲戚吗?他们都在等我死了,好得到这部车子!"

"如果您不想送给他们,也可以卖掉啊!"杰克建议道。

"什么!"老阿姨大叫,"你以为我能让随便什么人开着这辆意义非凡的车到处跑吗?这可是我丈夫送给我的车子!我一定要把它送给你,你会是一个好主人的。"

尽管杰克极力推辞,又怕伤了这位老阿姨的心,最后他因为赞美而拥有了这辆很多人都梦寐以求的别克车。

事实上,希望被赞美是人的天性,人的耳根都是软的。在现实生活中,没有人不希望别人欣赏、赞美自己,没有人不希望自身的价值得到社会的肯定。然而,真正懂得赞美艺术的人并不多,要做到从容自如、得心应手地赞美别人,是需要一定技巧的。

无论是与朋友还是客户交谈,都可以多说一说对方关心和得意的事,这样很容易赢得对方的好感和认同,这其实是一种更为含蓄和高明的赞美。

肯特太太打算聘用女佣艾丽,在艾丽正式上班之前,肯特太太打电话给她的前任雇主,询问了她的表现情况,结果得到的评价是贬多于褒。

艾丽上班第一天,肯特太太对她说:"我打电话询问了你的前任雇主,她说你为人老实可靠,能煮一手好菜,带孩子也很细心,唯一的缺点是整理家务比较外行。她的话并非完全可信,从你的穿着来看,你是一个很讲

究整洁的人,我相信你一定会把家里整理得井井有条。"

后来,艾丽果然把家里打扫得干干净净、一尘不染,而且工作非常勤奋。肯特太太看在眼里,乐在心头。

每个人都非常看重自己,也希望别人重视自己、关心自己。如果你让别人说出自己的得意之处,或者由你说出对方的得意之处,就等于是在赞美对方,对方肯定会好好表现。

赞美的重要性不言而喻,它在别人心里所起的奇妙"化学反应",让你们之间的距离立刻缩短。在掌握了赞美方法的前提下,恰到好处地多多赞美他人,让别人感觉到你的真诚,相信你的人际交往一定会游刃有余。记住,赞美永远不会有错,阿谀奉承不叫赞美,因为那不是发自内心的话。

另外,当赞美对象是针对某一件事情时,赞美会更有力量。赞美越广泛越庞杂,它的力量就越弱。因此,赞美别人时要针对具体的某一件事情。例如,说"你的领带跟你的黑色西服很相配",要比说"你今天穿得很好看"更能让人信服。

要赞美一个人时,当面说和背后说所起到的效果很不一样。有时候,如果你当面说别人的好话,别人可能会认为你是在有意奉承。当赞美的话是在背后说的,别人会认为你是非常真诚的,因而才会领情,并且感激你。

举一个很典型的例子:如果你当着领导和同事的面说领导的好话,你很可能被同事误解为刻意讨好领导,因此招来同事的轻蔑。事实上,这种正面的歌功颂德,产生的效果是很小的。与其如此,倒不如趁领导不在场时,卖力地吹捧他一番。只要你掌握好火候,一定会传到领导耳朵里去的。

在背后赞美别人,能极大地表现说话者的胸怀,起到事半功倍之效。当别人了解到你对任何人都一样真诚时,对你的信赖就会日益增加。因为当你在背后说别人好话时,会被人认为是发自内心的真情流露,不带任何功利动机。

设想一下，倘若有人告诉你，某个人在背后说了许多关于你的好话，你能不高兴吗？当你直接赞美别人时，对方极可能简单归类为应酬话、恭维话。要是通过第三人来传达，效果就会截然不同。此时，被赞美者必定认为那些话没有半点虚假，非常乐意接受，还会铭记在心。

美国心理学之父威廉·詹姆斯说："人类本质里最殷切的需求是渴望被肯定。"赞美就是一种非常直接和深刻的肯定，它满足了人类的本质需求，因而受到人们的欢迎。如果你想说服别人，不妨从今天开始试着去赞美别人吧。

增添亮色，适当抬高自己身份

这个纷繁复杂的社会是由人构成的，由于人的个体禀赋不同，所结成的社会关系也不同。两个人都想要说服对方，身份地位处于优势的人会占到很大便宜。

如果你想说服一个素不相识的人，在做简单自我介绍的时候一定不能太谦虚，把自己刻意说得并不起眼。这时可以适当夸大一下自己的能力、成就和良好素质，这样会使别人觉得认识你是一件很荣幸的事情，愿意听取你的意见及想法。相反，如果你把自己说得一无是处，别人听了会感到很失望，甚至认为你不够资格和他谈论某一话题，自然对你说的话无动于衷了。看了下面这个故事，你就不难明白适当抬高自己的身份，对于说服他人有多么重要。

跟谁都合得来

有一天,彼得的老朋友乔治上门来找他,希望他能帮小儿子找一份像样的工作。彼得不仅一口答应下来,还说要让乔治的小儿子当上世界银行副行长。乔治根本不敢相信彼得说的话,他认为那是不可能的。但是,仅仅几天之后,彼得真的凭一张巧嘴把事办成了。

彼得究竟是怎样办到的呢?彼得首先去了当地首富科普拉德的家,对科普拉德先生说:"我想介绍一位出色的小伙子和你女儿认识,你觉得可以吗?"见科普拉德先生没有回应,彼得接着说道:"如果这位小伙子是世界银行副行长,你是否可以接受呢?"一听这话,科普拉德先生一改对彼得不理不睬的态度,爽快地回答道:"那当然可以!"

科普拉德先生同意后,彼得立即去了世界银行行长沃尔芬森的家,对他说:"先生,我想给你推荐一个优秀的小伙子当副行长。"沃尔芬森行长没有吭声,彼得接着说道:"他是首富科普拉德先生的女婿。"沃尔芬森行长很快同意了彼得的建议,乔治的小儿子顺利当上了世界银行的副行长,正是因为彼得巧妙地提高了小伙子的身份。如果彼得一开始就把乔治之子的情况实话实说地全盘托出,相信他很难做到这一切。

晴雨难测,世事难料。龙有浅滩日,虎有平阳时。能力再强、地位再高的人也有不如意的时候,与人交谈很容易说到不顺心的事。对于初次见面的人来说,大多数人往往对交往对象抱有一些幻想,潜意识中希望对方是一个能干的人,最好能成为私交很好的朋友。

当然,自我介绍时夸张要有限度,不能夸张得不切实际。每个人都有自己的价值衡量标准,如果表达方式不当,别人会误认为你在借机抬高自己、贬低别人,这会给人留下缺乏修养的不良印象。

有一年,汤晓华要到日本东京进行演讲,那是他第一次去国外讲课。

去日本之前,为了充分准备课程,汤晓华没有时间翻阅日本和美国的采购管理方法，而是阅读了很多中国古书，最后定下的演讲题目是《取财有道——采购人员的职业道德教育》。这个题目在中国和世界范围内没有哪个采购专家做专门研究，因此汤晓华的精彩演讲得到了参会者的高度赞扬。一家日本公司的高管问道："在中国，像您这样的专家多吗？"汤晓华说："很多，而且比我更优秀。"同时列举了很多中国采购专家的名字。

汤晓华为什么要这样做呢？如果他说："不，我是中国的NO.1"。日本人一听，心里肯定不会认同，他可能就会丧失地位和身份了。他巧妙地回答说："很多，而且比我更优秀。"日本人自然会认为中国人真厉害，汤晓华的身份和地位也提高了。

通过这个故事可以很直接地得出结论，人们可以通过抬高别人来抬高自己，就像汤晓华在日本人面前，通过抬高其他中国人来达到抬高自己的目的。

以水投水，用相似经历打动人

如果交往双方有过一段共同或相似的经历，就会迅速缩短彼此间的心理距离。当我们想让他人充分理解自己的话时，一定要用他人熟悉的表达方式才行。

人的心理行为很复杂，但在某些事情上又是互通的，具有一些共同点。比如健康、时间、金钱、安全感、赞赏、舒适、青春、美丽、成就感、自信心、成长、进步、长寿等。如果你能在这些人们普遍关注的节点上找到一些相同或是相似的经历，相信对于你在说服别人时是十分重要的。

跟谁都合得来

如果交往双方有过一段共同或相似的经历，就会迅速缩短彼此间的心理距离，这是交际高手经常采用的一种效果颇为明显的技巧。事实上，不只是交际高手会采用这种方式，有时候就连醉鬼也会有意无意地使用这样的技巧。

有两个素不相识的酒鬼因为喝醉了酒，在同一辆公交车上睡着了，一直来到了郊外的终点站，此时已经没有返程的公交车了。两个陌生的酒鬼谨慎地交谈几句之后，很快一拍即合，大有相见恨晚的感觉。于是，这两个酒鬼十分愉快地畅谈起来，并且逐渐产生了友情，他们一起找出租车，共同分担车费，一路上兴致盎然。从此以后，这两个酒鬼经常联系，偶尔一起喝点小酒。他们都感谢那次坐过站，让自己找到了知己。

当一个聪明人想把自己的想法和意见说给别人听时，总会想方设法运用对方熟悉的语言表达方式，使其能迅速理解自己说的话。

韩佩杰18岁时第一次到纽约，他梦想着到一家报社当编辑。当时，纽约有成千上万的失业人员，几乎所有的报社都被求职者挤满了。

韩佩杰在一家印刷厂做过几年工人，这是他唯一的工作经验。但是韩佩杰知道《纽约论坛》的老板荷拉斯·格利莱幼年也在印刷厂做过学徒，所以他决定先去《纽约论坛》碰碰运气。

韩佩杰想，荷拉斯·格利莱一定会对和他有相似经历的人感兴趣。事实证明韩佩杰是对的，他果然被录取了。韩佩杰用他的亲身经历让荷拉斯·格利莱相信他是值得雇用的。

由此可见，想让别人对你感兴趣并相信你，就应该从别人的经验和需求入手，用别人习惯的方式表达你的想法。比如在语言方面，不仅要用别人熟悉的词语说话，还应当使用别人熟悉的语言习惯。

掌握技巧，才能有效说服他人

不可否认，诚意和真心是说服他人的重要因素，但是只靠诚意和真心并不能一蹴而就，掌握技巧才能有效说服他人。

诚意和真心固然重要，倘若传达的方式不对，抑或是欠缺说服技巧，照样行不通。所以，想要说服别人，就得掌握一些心理博弈技巧。在这方面，我们不妨学习一下下面故事中的这位聪明的推销员。

美国费城电气公司的一位推销员在某州乡村拓展业务，以扩大用电客户的范围。这位推销员叫开一所住宅大门时，户主老太太听说是电气公司的，毫不客气地将他拒之门外。

这位推销员再次叫开门，通过老太太打开的一道门缝儿，热情洋溢地说："现在我是特意来买您家鸡蛋的。"

老太太半信半疑地打开了门，推销员诚恳地说："我看见您家养的明尼克鸡非常棒，准备买些鸡蛋回去烘蛋糕。"

老太太问他为什么跑很远的路来此处买鸡蛋，推销员回答说："棕色鸡蛋做出的蛋糕才好看好吃，别处只销售白色鸡蛋。"

接着，推销员与老太太聊起养鸡经验，还夸赞老太太养鸡的收入高。闻听此言，老太太十分开心，便邀请他参观鸡舍。这时，推销员才逐步深入主题，说鸡舍里加强电灯照明能促使鸡蛋高产。

此时老太太的反感已荡然无存，一周后这位推销员就收到了老太太的用电申请表。

跟谁都合得来

从这个事例不难看出说服需要坚持原则,如果误以为只有一直进攻、绝不后退才是坚持原则,那就是片面的。局部的后退是为了全局的进攻,适当的退让会让别人感到你是一个通情达理的人,这能为你进一步做说服工作创造有利条件。

战国时期,秦国攻打赵国,赵国向齐国求援。齐国要求将赵太后的小儿子长安君送去做人质,否则绝不会发兵救赵。可是赵太后深爱小儿子,她执意不肯答应,满朝文武极力劝谏,一点作用也没有。赵太后甚至宣布:"谁要是再来劝我,我就把唾沫吐到谁脸上。"

左师官触龙请求面见赵太后,赵太后知道他也是来劝谏的,就怒气冲冲地等着他来。触龙进宫先向赵太后谢罪:"臣的脚有毛病,不能快步走,所以很久没有来看望太后,心里十分惦念,今天特来拜见。"赵太后说:"我现在也得坐车才能行动。"触龙又询问了赵太后的饮食起居情况,赵太后的怒气才有所缓和。

后来,触龙向赵太后请求能允许他的小儿子在王宫卫队里当一名侍卫,赵太后满口答应。赵太后问:"孩子今年多大了?"触龙答:"今年十五岁了,尽管他现在年纪还小,我却希望在我没死之前把他托付给您,为他安排好立身之处。"赵太后问:"男人也疼爱自己的小儿子吗?"触龙答:"比起女人来,有过之而无不及。"赵太后笑着说:"女人是格外疼爱小儿子的。"触龙说:"我私下里认为您对女儿燕后的爱怜超过了长安君。"赵太后说:"你错了,我对燕后的怜爱远远赶不上对长安君啊!"触龙说:"父母疼爱自己的孩子,就必须为他作长远打算。"接着,触龙举例说当年燕后远嫁,赵太后与她依依惜别、难舍难分,但每次祭祖的时候却祷告让燕后留在燕国不要回来,但愿其子嗣世世代代为燕王。

触龙说道:"这大概就叫作:近一点儿呢,祸患落到自己身上;远一点儿呢，灾祸就会累及子孙。难道是这些人君之子都不好吗？他们地位尊贵却无功于国，俸禄优厚却毫无功绩，又持有许多珍宝异物，就难免危险了。现在您使长安君地位尊贵，把肥沃的土地封给他，还赐给他很多宝物，如果不趁着现在使他有功于国，有朝一日您不在了，长安君凭什么在赵国立身呢？我觉得您为长安君考虑得太短浅了，所以我认为您对他的爱不及对燕后啊！"

至此，赵太后完全接受了触龙的劝谏，说道："好吧，就按照你的意思，把他送到齐国吧。"于是，赵国为长安君准备了上百辆车子，送他到齐国去做人质。齐国随即发兵救赵，使秦国大军无功而返。

正所谓"伴君如伴虎"，臣子进谏稍有不慎就会招致灾祸，触龙能以巧妙的方式达到劝谏的目的，确实令人称道。说服他人是一项难度很大、技巧性很强的事情，不但要有足够的诚意和真心，还要掌握一定的技巧，才能在说服别人时如庖丁解牛一般，轻松地将别人说服。

触龙很理解赵太后的心情，也对当时的情形作了比较深入的分析，所以他才努力营造出一种和谐的谈话气氛。刚见到怒气冲冲的赵太后，如果触龙开口便谈让长安君做人质的事，很可能落入被唾脸面的尴尬境地，因为人生气的时候最不理智，不但很难听进去他人的意见，而且很可能把他人当作发泄对象。

精明老练的触龙避而不谈长安君之事，而是先用"缓冲法"从请安和询问赵太后的饮食起居入手，这就使赵太后在无形中产生错觉，以为触龙真是来探望她的，和谐的谈话氛围逐渐形成，触龙劝谏的第一道障碍被巧妙克服了，陈述意见的条件也就成熟了。

触龙不失时机地使用"引诱法"，以父母疼爱儿女的人之常情为契机，过渡到自己爱怜少子、想为他谋差事，然后逐渐引入赵太后爱女儿胜过小

跟谁都合得来

儿子。当赵太后告诉触龙她更爱小儿子时,触龙便用具体事实说明赵太后更爱女儿,懂得为女儿的将来着想,可是对于小儿子并非如此。经过一番陈述比较,赵太后明白了触龙的良苦用心,也接受了他的劝谏,答应将小儿子送往齐国当人质。赵国能很快转危为安,不能不说是触龙的功劳。

说服他人并不是简单地说教,直截了当告诉他人应该怎么去做,而是通过婉转的语言,让他人接受中肯的建议,按照自己的想法去做。所以,说服他人时一定要掌握技巧,使用攻心术才是上上之策。

方法得当,歹徒也能被你说服

在即将遭受伤害的时候,如果能巧妙地运用心理博弈策略说服对方,能使你在危难时刻转危为安,成功脱离危险境地。

美好的生活背后经常潜藏着丑恶。在面对某些危难情况时,我们要善于运用心理博弈策略,采用巧妙的方法去解决问题。例如,遇到歹徒时如何巧妙地说服对方,使他不再胡作非为呢?

一般来说,在与被说服对象较量时,彼此都会产生一种防范心理,尤其是在危急关头。这时候,要想成功说服对方,就要注意消除对方的防范心理。防范心理是把对方当作假想敌而产生的一种自卫心理,消除防范心理的最有效方法是反复暗示自己是朋友而不是敌人。这种暗示可以采用以下方法来进行:嘘寒问暖,给予关心,提供帮助,等等。

一位"的姐"把一个青年男子送达目的地后,青年男子突然掏出尖刀威逼她把钱都交出来。"的姐"假装非常害怕,迅速将300元钱交给歹徒,然后对他说:"今天我就赚了这么点儿,如果你嫌少的话,我可以把其余零钱都给你。"说着又掏出一些零钱。

歹徒见"的姐"非常爽快,有些不知所措。"的姐"趁机说:"你住在哪儿?我送你回家吧。这么晚了,家人一定会着急的。"见"的姐"丝毫没有反抗的迹象,歹徒慢慢收起了尖刀,并让"的姐"把他送到火车站。

一路上气氛缓和下来,"的姐"不失时机地劝说歹徒:"我家里原来非常穷,我既没体力又没技术,所以就去学开车,干起出租车这一行。虽然挣钱不多,可日子过得安稳。咱是自食其力,就算穷点儿,谁还能笑话我呢!"歹徒一直沉默不语,"的姐"继续说:"唉,男子汉只要吃苦耐劳,干什么都差不了,万一走错路,一辈子就毁了。"

火车站到了,歹徒下车要走,"的姐"说:"给你那些钱就算是我帮你的,拿着去干点正事。"一直不说话的歹徒突然放声大哭起来,他把300多元钱往"的姐"手里一塞,说:"大姐,我以后哪怕饿死,也不干这事了。"然后就低垂着头走了。

当你对"的姐"的高超心理素质感到佩服时,是否想过如果故事中的受害人是你,你会如何应对?这位"的姐"面对歹徒的威胁,并没有表现得惊慌失措,而是冷静地选择了顺从,并主动提出送歹徒回家,这些举动充分显示出她的智慧与胆识。通过朴实无华又充满关切的语言,"的姐"不但毫发未损,还成功挽救了一个即将走上犯罪道路的年轻人。这就是心理博弈效果的体现,很多时候它比强硬的反抗更有实效。比如面对几乎无法战胜的强大对手时,就需要使用心理博弈策略做到以弱克强。

当你面对危险并想要说服对方时,首先应想方设法缓和紧张的谈话气氛。如果你用和颜悦色的交流代替命令和威胁,给对方维护自尊和荣誉的机会,气氛就会转向和谐,说服的成功率就更大;反之,如果你不尊重对方,

跟谁都合得来

摆出对抗到底的架势，势必使气氛更加紧张，说服的成功率就小。读了下面这个故事，你就应该知道面对危险的时候，究竟如何说服对方了。

一个15岁的小姑娘，不幸被诱拐到大城市。一天晚上，一个中年男人打开了拘禁小姑娘的房门。小姑娘虽然很害怕，但她很快就镇静下来，机智地叫了声："叔叔！"中年男人顿时愣住了。

小姑娘平静地说："我一看叔叔就是好人，您的年龄应该与我爸爸差不多，可我爸爸一直在乡下务农，去年收割稻子时热得中暑……"说着说着，眼泪就哗哗地流下来。中年男人感到非常羞愧，他沉默片刻后，低声说了一句："谢谢你，小姑娘。"然后拨打了报警电话。

聪明的小姑娘喊中年男人"叔叔"，一下子拉开了两人的年龄差距，让他不由自主地萌生了同情心。接着，小姑娘又给中年男人戴上一顶"好人"的帽子，促使他用好人的标准要求自己。最后，小姑娘哭诉爸爸的艰辛，进一步强化了中年男人的同情心，主动帮她脱离险境。

 沉默是金，少说往往胜过多说

当双方的谈话处于僵持状态时，如果话说得很多，说服力未必就强。适时的沉默并不是退缩，更不是懦弱的表现，而是以静制动的心理策略。

英国文豪托马斯·卡莱尔有句名言："雄辩是银，沉默是金。"不可否认，双方互不相让的争辩有可能让整个局面变成死局，最直接的表现就是谁也不能说服谁。因此，当别人情绪激动，极力辩驳的时候，你要保持沉默，不做无谓的争论。

当谈话双方陷入僵局，如果你想劝服别人接受你的建议，最好的办法是不要据理力驳。通常来讲，当你努力辩驳时，对方的情绪一定会更加激动，不但不会虚心接受，反而会反唇相讥，使出浑身解数进行对抗。在这种情况下，选择沉默可能是最高明的一招。三国时期，曹操的谋士贾诩就是深谙此道的高手。

三国时期，曹操的儿子曹植才思敏捷、聪明伶俐，深得曹操的宠爱，一度下决心立曹植为嗣。很多臣僚坚决反对废长立幼，据理力争想要说服曹操放弃这个决定，但曹操不愿听取他们的意见，结果不欢而散。

有一次，曹操让左右侍从退下，向贾诩询问立嗣之事，贾诩却一直沉默不语。曹操再三追问，贾诩还是不回答。最后，曹操生气了，责问贾诩："问你话却不回答，到底为什么？"贾诩回答："对不起，我刚才正在思考一个问题，所以没有立即回答。"曹操追问："想到了什么？"贾诩说："想到了袁本初、刘景升两对父子。"曹操听明白了贾诩的意思，决定放弃废长立幼的打算。

袁本初即袁绍，是东汉末年崛起的一方豪强，他有四个儿子——袁谭、袁熙、袁尚、袁买，最喜欢三儿子袁尚，决心将他培养成接班人。长子袁谭心中不服，与袁熙、袁尚明争暗斗，最后两败俱伤，被曹操坐收渔利。

刘景升即刘表，东汉末年荆州牧，宠溺后妻蔡氏，使妻族蔡瑁等人得权。刘表喜欢小儿子刘琮，想立他为继承人，长子刘琦离家到江夏做太守。刘表死后，刘琮继承刘表官爵，兄弟二人从此结下仇怨，终生不和。

贾诩明知劝阻废长立幼是一件很有难度的事情，所以早就作了周密的考虑。曹操连续发问，难道贾诩真的充耳不闻？这是他故意制造说话的氛围罢了。最后，贾诩将曹操引向袁绍、刘表立嗣的事情上，让曹操一下子就看明白了废长立幼的弊端。

跟谁都合得来

在人际交往中，沉默会给人造成无形的心理压力，使人感到没有依靠，心里觉得没底，琢磨不透你的心思。适时运用沉默，可以让你在与强势对手的心理博弈中占得先机，从而打破隔阂。如果你觉得这有些匪夷所思，那请看下面这个故事：

武王伐纣推翻商朝后，听说商朝有一位智慧的长者，就亲自去拜访他，问他商朝灭亡的原因。这位长者说："大王真想知道，那就等我中午找你，再告诉你吧。"到了中午，那位长者却没有来，周武王很生气。周公说："那位长者义不诽主，真是君子呀！他和大王约好了却不来，言而无信不正是商朝灭亡的原因吗？那位长者已经以他的行为回答大王了。"

如果我们仔细分析上述两个例子就会发现，无论是贾诩与曹操还是长者和周武王的心理博弈，沉默者表面上都处于弱势地位。比如，自从那位长者和周武王见面起，他就陷入了一种僵局之中，直言商朝灭亡之道是对故国不忠，而闭口不谈就会得罪眼前的周武王。智慧的长者恰当运用了沉默的力量，成功地在这场心理博弈中全身而退。

在处于僵局的状态下，你越是表现的情绪激动，越容易被看作是矛盾的挑起者。当你习惯于辩驳的时候，通常很难让人心服口服。即使他人表面上认同你的观点，内心里也不会对你有好感。于是，你赢了一场表面的胜利，却因此丢掉了一个朋友，甚至树立了一个对手，实在是得不偿失。美国一家保险公司训练推销员的第一条准则是"不要争辩"，因为做推销不是搞辩论，不需要为不必要的细节，甚至不相干的事情而争论。

关于沉默的心理博弈技巧，在现代已经被越来越多的人认识到。20世纪初，美国第28任总统托马斯·伍德罗·威尔逊的得力助手、财政部长威廉·麦克阿杜曾经以多年的从政经验告诉人们一个重要的道理："你不可能用辩论击败无知的人。"即便对方不是无知的人，即便你将对方说得哑口无言，赢了这场争辩又能怎么样呢？事实上你还是输了，因为你伤害了对方的面子和尊严。所以，在你与人争辩之前，不妨先认真考虑一下，你到底想要的是什么？是一个毫无意义的表面胜利，还是对方的真诚合作呢？如果是后者，那就请你保持沉默吧。在争辩中没有完全赢的一方，说服对方的重要策略就是避免争论，适时保持沉默。

老子曰："大象无形，大音声希。"人际关系高手一般情况下不会轻易与人争辩，尤其是没有把握说服对方的时候，他们会在谈话过程中惜字如金，不仅洞悉对方于无形，还悄无声息地解除了对方的防备，在此后的心理博弈中必将占尽先机。

第7章
放低姿态，化解人际矛盾

只要人与人之间存在交往，矛盾的产生就不可能避免。人与人之间观点的不同，志趣的差异，个性的抵触，或者是偶尔的误会，都有可能使双方发生冲突。如果不能及时化解冲突，就会导致双方关系紧张，甚至产生其他争端，使双方的矛盾加深。因此，保持良好的人际关系要尽量化解矛盾，及时打破僵局、消除隔阂。

跟谁都合得来

 低调做人,锋芒太露早晚吃亏

低调做人既是一种姿态,也是一种风度,更是一种胸襟。它不仅让你收获友谊,更能赢得别人的认可和支持。

我们都知道强烈的太阳光会晒伤人的皮肤,却很少有人意识到一个人的锋芒太盛也会伤及他人。锋芒太盛的人把所有风光都抢到了自己身上,留给别人的只剩下挫败和压力,别人无法活得自在和舒坦。所以,有才却不善于隐匿的人,往往招来很多的嫉恨和磨难。

古语说"锋芒毕露,终招祸殃",三国时期的曹植就是如此。曹植虽然在当时文名满天下,却因为太锋芒毕露,最终招来了天大的灾祸,也许他并非有意为之,只是不知道收敛罢了。所以,不管是在生活中,还是在职场上,我们必须要牢记"持盈履满,君子兢兢"的教训。

小曾是毕业于图书情报专业的硕士研究生,被聘请到西安一家研究所工作,从事标准化文献的分类编目。小曾自认为是专业出身,刚上班就对单位的工作作风和工作流程提出了不少意见。

领导表面赞同，同事也不反驳。结果呢，不但没有一点儿改变，他反倒成了处处惹人嫌的角色，被单位里掌握实权的某个领导视为狂妄、骄傲乃至神经病，一年多竟没有给他安排具体工作。

后来，一位年长的同事悄悄告诉小曾："我当初和你一样锋芒毕露，到现在都没有出头之日，你还是换个单位吧，在这里别想有出息。"小曾当时根本没有把这些话放在心上，又过了一段时间，他发觉很多人都在有意无意地为难他，连正常的工作都没有人肯支持他，他只好选择跳槽。临走时，领导拍着小曾的肩膀说："太可惜了！真是舍不得让你走，我还打算培养你当接班人哩！"

小曾一边玩味着"太可惜"三个字，一边苦笑着离开了。

很多初涉职场的年轻人都有过小曾的经历，本来怀着一腔热血和抱负，想在单位好好展示一下自己的能力，但是往往事与愿违，不仅得不到领导和同事的支持，反而遭到他们的处处排挤。有才干虽然是一个人的优势，但是不能太过于张扬，谁也不喜欢忘乎所以的人，锋芒毕露永远是职场大忌，正所谓"枪打出头鸟"，所以在职场上一定要低调做人。

低调绝不意味着卑微，它是一种"以低求高"的强者韬略。一些貌似平淡无奇、胸无大志的人，却常常能够"一鸣惊人"，做出出人意料的成绩。这些人在人生道路上选择了低调，他们不张扬、不卖弄，却志存高远、坚忍不拔，凭着坚持不懈的努力，最终迈入了人生高境界。

三国时期，与诸葛亮齐名的庞统是一个不可多得的人才，但是他相貌丑陋、性格怪异，所以一直得不到赏识。庞统最先投奔东吴，可孙权嫌他相貌丑陋，没有留用他。

接着，庞统以一个平常谋职者的身份投奔刘备，虽然临行前诸葛亮给他写了一封举荐书信，可以助他一臂之力，但他并未将信交给刘备。结果，

跟谁都合得来

刘备只让庞统去治理一个不起眼的小县。

庞统身怀治国安邦之才,并没有对刘备耿耿于怀,他深知靠别人推荐不如用才能说话,他需要一个时机来展现自己的才能。

有一天,庞统当着刘备心腹、爱弟张飞的面,半日内就处理了一百多天积累的讼案,办得干净利索、曲直分明,令众人心服口服。

该藏则藏、该露则露是一种极其聪明的做人方式,庞统利用这种方式使得他在刘备帐前有了一席之地,没过多久就被提拔为副军师。真正具备才能的人,潜下心来只是为了更好地释放能量。潜藏意味着仍在寻求有利时机,一旦时机成熟就会充分表现自己,瞬间脱颖而出,成为众人注目的焦点。

对于已经处在事业金字塔顶端的人,只要认真研究他们的经历就会发现,他们并不是一开始就高人一等、风光十足,他们也曾有过艰难曲折的"爬行"经历,但是他们能够端正心态,既不妄自菲薄,也不怨天尤人。他们能够忍受低微卑贱的磨炼,并且不断养精蓄锐、奋发图强,然后才攀上人生的巅峰,享受世人的尊崇。

因此,在我们刚开始相互接触或接手某些事情的时候,应该适当隐藏自身实力,无论对方有多么谦虚友善,都不能完全亮出底牌。只有这样,你才有可能登上成功的宝座,而且坐得稳固长久。

化敌为友,和谐处世的大智慧

人与人之间的争斗有时难分胜负,最有效的办法莫过于以仁爱之心换取对方的真心,化敌为友才能化干戈为玉帛。

生活在纷繁复杂的社会环境中，难免会与别人发生矛盾和冲突，与这样或那样的对手"狭路相逢"。在这些对手中，有的人的确是蓄意阻挡你前进的道路，但大多数人是由于各种原因而产生误会的。谁都明白，挡住别人前进的路，实际上自己也无法前进。如果能够一笑泯恩仇，把曾经的对手变成当下的好朋友，说不定还能联手找到一条可以共同前进的光明大道。当然，这不仅需要具有宽容大度的胸怀，还得具有和谐处世的智慧。在中国历史上，宋太祖赵匡胤深谙其中奥妙。

公元971年，南汉政权刘后主经过多年抗争，终于罢战投降了。宋太祖不但没有杀刘后主，反而赐予他高官厚禄，还邀请他入殿喝酒叙情。刘后主难以想象自己竟能得到如此礼遇，他害怕宋太祖让人在酒里下毒，便哭喊道："请陛下赦臣一死，不要让臣喝下这杯酒。"宋太祖听闻刘后主这么说，便拿起他的酒杯一饮而尽。从此，刘后主成为宋太祖最忠诚的降臣。

吴越王战败时，有人将他谋反的证据交给宋太祖。吴越王面见宋太祖时，宋太祖对他十分优待，并交给他一个锦盒，嘱咐他在返回途中打开。在回去的路上，吴越王打开锦盒一看，发现里面装的都是揭发他谋反的信件。吴越王心服口服，从此真心归附宋朝。

一般人面对宿敌或对手时，表现的态度是不屈不挠、决不退缩。但是有远见的人会选择另一种方式：站到对手的身边去，把宿敌变成朋友。其实，人与人之间的争斗有时是难分胜负的，最有效的办法莫过于以自己的仁爱之心去换取对方的真心。化敌为友是与人交往的最高境界，类似的情形也曾经发生在微软和苹果两大公司之间。

自20世纪80年代起，苹果公司和微软公司就一直处于竞争状态，双方为争夺个人计算机这一新兴市场的控制权，展开了激烈的长期竞争。到

跟谁都合得来

20世纪90年代中期，微软公司明显占据领先优势，占到了大约90％的个人计算机市场份额，而苹果公司则举步维艰。让所有人大跌眼镜的是，1997年微软公司向苹果公司注资1.5亿美元，把它从倒闭的边缘拉了回来。2000年，微软公司为苹果公司推出Office2001。自此，微软与苹果两大公司真正实现双赢，合作伙伴关系进入了一个全新时代。

上述故事发生在世界首富比尔·盖茨身上绝对不是巧合，它源自对商机的把握和设计，以及与对手握手言和的处世智慧。比尔·盖茨化干戈为玉帛，将一场没有赢家的争端消弭于无形，无疑值得我们每一个人学习。

为了生存和发展，我们必须学会把人际关系变成一场双方得益的双赢，这样才能使人际关系向着更加良性的方向发展。在社会竞争中，最大的胜利莫过于把对手变成朋友，因为这样既能在竞争中不战而胜，又可以跟旗鼓相当的对手成为朋友，岂不是一举两得的美事！

勇于自嘲，用"开涮"拉近距离

美国著名人际关系学家戴尔·卡耐基曾经说过，掌握神奇机智的语言应变技巧，无论是对于演讲还是谈判来说，都具有重要的作用。自嘲就是这样一种神奇机智的语言应变技巧，不仅能让你化解窘境，还能收获别人的好感。

所谓"自嘲"，就是运用嘲讽的语言和口气，自己嘲笑自己。说白了就是拿自身的缺点、弱项甚至是缺陷来"开涮"。从自嘲者的本意来看，并非止于自我嘲弄，主要是为了展示自己的幽默风趣，并拉近与他人之间的心理距离。

从表面上看，自嘲是对自己的丑处、羞处不予遮掩和回避，反而把它放大、剖析，然后巧妙地引申发挥、自圆其说，最终博人一笑。实际上，自嘲者若是没有豁达的心胸、乐观的态度，是肯定不行的。可想而知，自嘲者的胸怀是那些自以为是、斤斤计较、尖酸刻薄的人难以望其项背的，自嘲也一直是缺乏自信的人不敢和不愿尝试的。换言之，自嘲者敢于将自身不足暴露给别人，敢于用看似危险的方式与别人拉近心理距离，这样的人要么是傻子，要么是心理博弈高手。

在一位富商举办的晚宴上，服务员倒酒时不慎将啤酒洒到一位宾客光亮的头顶上，服务员当时紧张得不知所措，主人也感到十分尴尬。这时，光头宾客却微笑着对服务员说："老弟，我的脱发问题治疗了很久都没什么效果，难道你以为啤酒浴的方法会有效吗？"在场的人闻言大笑，尴尬局面立刻被打破，主人对这位宾客的大度十分感激。这位宾客巧妙自嘲，既展示了大度胸怀，又维护了自我尊严，消除了耻辱感，也使得他的形象更加亲切。

我们不得不承认，西方人的幽默文化底蕴深厚，他们可以在举手投足之间将幽默感展现得淋漓尽致。相对于东方人，西方人更懂得用自嘲进行心理博弈，用自嘲的方法展示幽默基因，同时博取对方的亲切感。

美国第33任总统哈里·S.杜鲁门是深谙自嘲之道的高手，有一次他会见道格拉斯·麦克阿瑟将军时，麦克阿瑟竟拿出烟斗装上烟丝，把烟斗叼在嘴上准备划燃火柴。在麦克阿瑟已经做好抽烟准备的情况下，才问杜鲁门总统："我要抽烟，你不会介意吧？"很显然，这并不是真心征求意见。如果杜鲁门总统说介意，就会显得粗鲁和霸道。这种缺乏礼貌的傲慢言行使杜鲁门总统有些难堪，然而他只是狠狠地瞪了麦克阿瑟一眼，自嘲道：

跟谁都合得来

"抽吧，将军！别人喷到我脸上的烟雾，要比喷在任何一个美国人脸上的烟雾都多。"

无独有偶，美国第40任总统罗纳德·威尔逊·里根有一次出访，在加拿大一座城市公开发表演讲。在演讲过程中，有一群举行反美示威的加拿大人不时打断里根总统，表现出了强烈的反美情绪。里根总统是受邀到加拿大访问的贵客，时任加拿大总理皮埃尔·艾略特·特鲁多感到非常尴尬。面对眼前困境，里根总统面带笑容地说："这种情况在美国经常发生，我想这些人一定是特意从美国来到贵国的，可能他们想使我有一种宾至如归的感觉。"听到这话，在场的人都禁不住笑了。

从上述两则故事可以感受到，当令人难堪的事情已经发生，运用自嘲能使一个人的自尊心通过自我排解的方式受到保护，不至于失去平衡。适时适度的自嘲不失为一种可以体现良好修养、充满活力的心理博弈策略，不但能营造宽松和谐的交往氛围，还可以使别人感受到你的平和心与人情味。

如果嘲笑对象是他人，产生的后果就会锐利如刀；如果嘲笑对象是自己，却是拉近双方心理距离的良药。需要提醒读者注意的是，自嘲必须适时适度，不能自嘲到让别人觉得必须来安慰你，那样别人又会觉得你太自卑了，也就失去了自嘲的意义。

在现实生活中，当我们面对僵局时说出怨天尤人的话，不仅不能化解矛盾、解决问题、减轻内心的苦恼，反而还会适得其反。这时候不妨来一点自嘲，将自己暴露在高倍显微镜下，变严肃为诙谐，化沉重为轻松。自嘲并非真把自己贬低得一文不值，把自己的缺陷和不足全部暴露给别人看，它的高明之处在于以退为进，表现出不较劲的豁达和幽默。

在小事上较劲较真的人，往往会把自己搞得寸步难行。只有将自嘲融入到人际交往的点滴之中，让我们的生活多一些轻松和宽容，架起人与人之间的心灵虹桥，缩短彼此之间的心理距离，我们与他人的相处才会轻松自如。

不要害怕自嘲，因为自嘲的转角处往往就是转机，但自嘲有时也具有刺激作用，因此在运用它时应格外慎重。通常情况下，自嘲应当点到为止，让人意会即可，不能喋喋不休。如果自嘲的目的是指桑骂槐、含沙射影，那么还是不要的好。

有理之时，也不妨让他人三分

越是有理之人，如果表现得越大度，就越能得到他人的钦佩。一个得理不饶人的人，会让人觉得小肚鸡肠。

有些人喜欢争辩，有理一定要争理，没理也要争三分；有些人不论大事小事，发现破绽就死死抓住不放，非要让对方败下阵来不可……但是，这些人几乎没有意识到，在相互争辩的过程中，彼此的关系不同往日了。

洪应明在《菜根谭》中说："路径窄处，留一步与人行；滋味浓时，减三分让人食。"留一步，让三分，适当的谦让不仅不会招致危险，还是寻求安宁的有效方式。在现实生活中，除了原则问题必须坚持，其他小事谦让一下会带来身心愉快，以及和谐的人际关系。有时候，"退"即是"进"，"舍"就是"得"。

有两个小和尚为了一件小事吵得不可开交，谁也不肯谦让谁。

第一个小和尚怒气冲冲地去找师父评理，师父耐心听完他的陈述之后，

跟谁都合得来

郑重其事地对他说："你是对的！"于是，第一个小和尚得意扬扬地离开了，并且把师父的话告诉了第二个小和尚。第二个小和尚不服气，也跑来找师父评理，师父认真听完他的叙述之后，仍旧郑重其事地对他说："你是对的！"

待第二个小和尚满心欢喜地离开后，一直站在师父身旁的第三个小和尚忍不住了，问道："师父，您平时教导我们要诚实，不可说违背良心的谎话，可是您连续对两位师兄说他们是对的，这岂不是与您平日的教导相悖吗？"师父不但一点也不生气，反而微笑着对他说："你是对的！"

第三位小和尚恍然大悟，立刻拜谢师父的教诲。

通过这个故事我们可以知道，如果能够有一颗迁善的心，得理也让他人三分，凡事都以"你是对的"为前提，那么很多不必要的冲突与争执就可以避免了。

为人处世，遇事让一步才算高明，让一步就等于为日后进一步打下基础。经常为一些鸡毛蒜皮的小事争得面红耳赤，甚至大打出手是非常不值得的，事后倘若静下心来想一想，当时如果能忍让三分，自然会风平浪静，大事化小，小事化了。事实上，越是有理之人，如果表现得越大度，越能显示出胸襟坦荡，越能得到他人的钦佩。下面这个故事中的服务员小姐极好地诠释了"有理不在声高"。

"服务员，你过来！"一位顾客高声大喊，指着面前的杯子，满脸怒气地说："你们的牛奶是坏的，把一杯红茶都糟蹋了！"

"真对不起！"服务员小姐一边赔不是，一边微笑着说，"我立即给您换一下。"

新红茶很快就准备好了，碟子和杯子跟以前的一样，放着新鲜的柠檬和牛奶。服务员小姐轻声说道："我建议您放柠檬就不要放牛奶，因为有时候柠檬酸会造成牛奶结块。"

那位顾客的脸一下子红了，匆匆喝完就走了。

有人笑问服务员小姐："明明是他错了，你为什么不直说呢？他那么粗鲁，你为什么不还以颜色？"

服务员小姐说："正因为他粗鲁，所以要用婉转的方式对待；正因为道理一说就明白，所以用不着大声。"

如果这位服务员小姐据理力争，不仅无益于解决问题，还会让那位顾客理直气壮，她以女性的柔美选择了退让，让事情得到了很好的解决。退让必须在一个"忍"字上下功夫，学会忍耐别人的小缺点、小错误，甚至忍耐朋友的不公和无礼。假如有人误解了你，当时别人正在气头上，那么你最好不要去辩解，即使别人口不择言，你也要学会原谅。事后，当别人知道真相时，自然会对你表示歉意。人活在世上本来就不容易，何必再为一些小事徒增烦恼呢？让一步自然风平浪静。

聪明人善于把智慧放在心上，须知智慧不是戴在脸上的华丽面具，不是挂在嘴边的口头禅，它应当体现在踏踏实实的人生进程中。因此，我们在待人接物时，要善于发现别人的长处，不要动辄就口无遮拦地对别人品头论足，瞎议论别人的美丑贤愚，抓住别人的小过失不放手。如果我们不学会尊重各种各样的人，就会影响人与人之间的亲密关系，所以平日不可逞一时口舌之快而作意气之争，更不可因意气用事而得理不饶人，即便有理也要让他人三分。

有理让三分，不仅可以化解矛盾，还能加深理解、增进友谊，对于建立融洽和谐的人际关系起到促进作用。因此，在我们与他人发生摩擦时，不妨礼让三分，大家就能和睦相处，社会更加和谐安宁，何乐而不为呢？

跟谁都合得来

巧妙回应，从容应对尴尬之事

在人际交往中，我们既要尊重别人的人格，正视人与人之间的差异，避免使自己成为制造尴尬者，又要学会从容应对尴尬之事，避免陷入僵局。

尴尬往往会导致僵局，相信在每一个人身上都曾发生过尴尬的事。由于粗心大意，给别人造成损失，觉得对不起人家时，会感到尴尬；由于说话不得体，搞得双方都很难堪时，会感到尴尬；遭受冷遇，坐冷板凳时，会感到尴尬；众目睽睽之下出洋相时，会感到尴尬……

1956年2月14日至25日，苏共第二十次代表大会在莫斯科召开。在会议结束前夕的2月24日深夜至25日凌晨，赫鲁晓夫作了长达四个小时的《关于个人崇拜及其后果》的秘密报告，揭露和批判了斯大林主义的重大错误，要求肃清个人崇拜在各个领域的流毒。

由于赫鲁晓夫是斯大林生前非常信任的人，很多人心里都有一个疑问：你既然知道他的错误，为什么在他掌权的时候不提出意见，现在才放"马后炮"呢？所以，当赫鲁晓夫侃侃而谈时，有人传给他一张纸条，上面写着：当时你在哪里？

可以想象，赫鲁晓夫看到这张纸条时，是何等尴尬和难堪。正面回答就必然要自暴其短，如果把纸条丢到一边不回答，装作什么事情也没发生，结果必然会让他在一些人心中丧失威信。

赫鲁晓夫想了想，拿起那张纸条大声念出了上面的内容，然后向台下喊道："写这张纸条的人，请你马上从座位上站起来，并走到台上来！"

台下鸦雀无声。赫鲁晓夫又重复了一遍，台下仍然是一片死寂，没有人敢动弹一下。最后，赫鲁晓夫淡淡地说："好吧，就让我告诉你，当时我就坐在你现在所坐的位置上。"

由于每个人的心理素质不同，面对尴尬时会产生不同反应。比如，有的人会恼羞成怒，使尴尬不断升级；有的人懂得从容应对，能化尴尬于无形。在公共场合遭遇尴尬，如果针锋相对、正面出击，很有可能会让自己下不来台，这时倒不如采取迂回策略，换一种思维方式从容应对，说不定就可以摆脱尴尬。

俄罗斯有一位马戏丑角演员叫杜罗夫，他的表演生动形象、惟妙惟肖，许多观众被乐得捧腹大笑，而笑过之后便会陷入沉思之中。

正因为这样，杜罗夫的表演更加深入人心。然而，名气越来越大的杜罗夫也免不了受到别人的冷嘲热讽。

有一次，杜罗夫演出结束后正在休息，一位不速之客走到他面前，神情傲慢地问道："丑角先生，观众非常喜欢你吗？"

生性机警的杜罗夫感觉到对方不怀好意，他不动声色地回答："还好。"

没想到那人咄咄逼人，紧接着质问道："作为马戏班中的丑角，是不是必须生来就有一张愚蠢又丑陋的脸，才会讨观众喜欢呢？"

杜罗夫在感受到短暂的尴尬后，非常平静地对那人说："先生，真可惜啊！如果我能有一张像您那样的脸，保准能拿到双倍薪水。"

杜罗夫的这句话，一下子使那人自讨没趣，只好悻悻离去。

由此可见，杜罗夫不但有着高超的表演技巧，面对尴尬时还有着良好的心理素质。要知道，遇到恶意的刁难时，与其暴跳如雷，不如平静下来，用子之矛攻子之盾，说不定可以起到奇妙的效果。

既然尴尬不可避免，不如稳定情绪从容应对，尽快走出尴尬的境地。

跟谁都合得来

如果确实是你错了，就要主动诚恳认错；如果是由于你举措不当或某些缺陷，受到别人的讥笑，那也可以开个玩笑调侃一下，来个自我解嘲；如果是有人故意冷落你，或者对方不通情理，就想方设法巧妙回应。

如何应对尴尬是一门艺术，善用智慧的人会巧妙地化解尴尬，变被动为主动；不善用智慧的人，会使自己陷入僵局而倍感尴尬。所以，在面对尴尬的时候，一定要开启智慧之门，从容、镇静地巧妙化解尴尬，不要纠缠于琐事之中。事情过后，也不要耿耿于怀，形成沉重的思想负担，甚至影响到正常的生活和工作。

巧用幽默，彻底打破压抑气氛

幽默能产生一股能量，可以打破压抑的气氛，从容应对不如意的情况，使你变成一个受欢迎的人。

一个幽默的人带给别人的感觉是智慧、聪明、机智和豁达，巧用幽默被人们认为是展现个人魅力和亲和力的有效途径，更是人际交往中需要经常使用的技巧。处在僵局之中，巧用幽默可以彻底打破压抑气氛。

有些人之所以面对僵局时可以泰然自若，正是因为他们能善于巧用幽默。19世纪末期俄国批判现实主义作家契诃夫说过："不懂得开玩笑的人，是没有希望的人。"多一点幽默，就少一点气急败坏，少一点偏执极端……

美国著名演员保罗·纽曼凭借精湛的演技与叛逆的形象，年轻时成为好莱坞炙手可热的男演员。1982年，保罗·纽曼为了祝贺位于纽约的布鲁克林大学创建电影系，他特地在该校主持了《恶意的缺席》的新片试映会，并参加大学生组织的沙龙。

一位大学生愤愤不平地说："我从收音机听到这部电影的广告，最后一场是拼得你死我活的枪战场面，可是实际上结尾非常平和，这种虚假广告宣传实在要不得。"

这位大学生表现得义愤填膺，现场的气氛顿时变得十分凝重。面对这种尴尬的局面，保罗·纽曼回答说："我完全不知道广播电台的广告内容。不过，下一次片尾一定会出现激烈的射杀场面，镜头上出现的是：我用枪打死了那位电台主持人。"

保罗·纽曼的幽默回答引起满堂大笑，瞬间化解了尴尬的气氛，赢得了在场影迷的爱戴。

幽默是文明和睿智的体现，可以使愁眉不展者笑逐颜开，也可以使泪水盈眶者破涕为笑；可以为懒惰者带来活力，也可以为勤奋者驱除疲惫；可以为孤僻者增添情趣，也可以使欢乐者更加愉悦。

在各种令人尴尬的场合中，幽默更能发挥出非凡的作用，使所有紧张凝重的气氛一下子变得轻松愉悦，使一触即发的对立冲突态势转为和谐融洽，还能使人心悦诚服地理解、接纳你和你的观点。

美国著名外交家弗莱彻曾在局势紧张之时受命担任驻智利大使，亲自到当地一家有名的俱乐部约见各界杰出代表。一位智利著名人士敷衍地和弗莱彻握手，然后说："我欢迎弗莱彻先生以私人身份来智利，但不喜欢他以美国代表的身份来到这儿。"这个人不知道弗莱彻会说西班牙语，接着又用西班牙语对朋友说："美国生产的东西，我连根鞋带都不屑去买。"

刚开始弗莱彻一句话都没说，现在终于有了机会，他用西班牙语对众人说："诸位，我觉得自己失败了。改善两国之间的贸易关系就是外交目的，可我又能做什么呢？我到这儿第一天，就听到鞋带已经没有市场了。"

> 跟谁都合得来

拉丁美洲人敏感得很，当他们听到弗莱彻用西班牙语说话就很惊诧了，而弗莱彻的话又非常幽默，他们就同时大笑起来，表示十分欢迎弗莱彻来到智利。

幽默能够迅速消除人与人之间的陌生感，并在对方心中留下良好印象。通常，幽默是将生活中各种令人烦恼的问题，以轻松诙谐的语言表达出来。不善于运用幽默的人，要想在工作和生活中给人留下良好印象，就得经常练习运用幽默的力量来帮助自己。

有时候，在人际交往中难免会发生一些摩擦，如果你能从容地开个玩笑的话，紧张的气氛就会消失得无影无踪，而且别人会被你的宽广胸怀所感动，最后真正接纳你。

吐露辛酸，化被嫉妒为被同情

当你想摆脱被人嫉妒的烦恼时，不妨诉说一下你的辛酸事情和困难处境，这样对方就可能会化嫉妒为同情，不再对你说风凉话或者为难你了。

从心理学角度看，同情弱者是人的天性，这就为自述苦难史和辛酸史的煽情诉苦术提供了发挥空间。美国得克萨斯州坦普尔大学心理学家塞达·布鲁姆教授通过实验证明了这种煽情诉苦术的有效性。

塞达·布鲁姆教授首先召集齐参加实验的大学生，对他们维护法制与公平的意识进行测试，并将具有较高法治意识的大学生选为实验合作者。随后，他将事先录制的一部模拟法庭审判的录像播放给那些被选出来的大学生看。

在这段录像中，被告人的辩护律师两眼含泪，用极为煽情的口吻对法官申诉道："被告人只不过偷了一块面包，况且他不是为了自己，而是为了他的家人。"

结果，原本认为为了维护法制公平和社会秩序，必须严厉惩罚窃贼的大学生，在辩护律师的煽情哭诉下，都觉得被告人值得同情，不应该受到严厉的法律制裁。

对于这个现象，心理学家的解释是：通过诉说辛酸事情和困难处境，可以激发对方的同情心和怜悯意识，进而赢得宽容和支持。

正因为深谙人们的这种心理，一些明星或演艺界人士的经纪人，以及国外政治家的幕僚，通常都会为他们的服务对象设计一些在公开场合的"真情告白"，目的就是为他们赢得更多人气。这种充满情感元素的社交策略，不但能节省下其他宣传方式的高额费用，而且容易使那些原本不喜欢这些人的人发生观念上的动摇和观点上的改变，真是廉价又最有效的"拉人气"方式。这种方式在中国尤为见效，因为我们从小就被灌输了一种观念：要帮助那些有困难的人，要善待弱势群体，等等。

很久以前，日本出现了一件怪事：歌手北岛三郎和某球队主力队员江川卓在同一片区域各自修建了住宅。然而，面对这两栋豪宅，人们却有着迥然不同的看法。

当人们看到或是路过北岛三郎的豪宅时，通常会啧啧赞叹："这房子建得多好，多么漂亮啊！"而对于江川卓的宅子，人们更多地流露出鄙夷："花那么多钱建的宅子，却让人很不舒服，我不喜欢！"

其实，这两个人的房子在风格上差不多，为什么人们的看法会有这么大的差异呢？日本著名教育心理学家多湖辉从二者的成名经历进行了分析，原来北岛三郎是从街头卖唱开始，历尽千辛万苦才成为著名歌星，这

跟谁都合得来

位从平民中走出来的歌星给了人们更多的亲切感；而相比于北岛三郎，江川卓的成名道路要顺畅得多。

我们不能忽视人性自私的一面，对于别人的成功或多或少会有一些嫉妒，特别是那些和自己水平差不多的人，突然飞上枝头变凤凰，心里肯定很难接受。这个时候，如果你站在一个成功者的高度来同他们讲话，就会激起他们强烈的嫉妒心，他们总认为自己并不比你差，只是机遇不好罢了。而如果他们能发现你过去或者现在经历了一些惨痛或者艰难的事情，就会把所有嫉妒转化为同情心和亲近感。

因此，当你升职涨工资或者找到一个漂亮的女朋友时，不要急于和别人分享你的成功经验和快乐心情，他们也许更想听你曾经差点被开除或者被漂亮女生折磨的故事，这样你才不会成为大家嫉妒的众矢之的。

提出忠告，多"私下"少"当众"

当别人礼貌地征求你的意见时，无论别人的地位如何，都应慎重开口。当你要向某人提出忠告时，不妨多私下聊一聊，而不要在正式场合挑毛病，避免对别人公开提意见。

人常说"密室里的批评，大众前的表扬"，这是普遍的心理规律，因为谁也不想当众下不来台。很多人认为假如你真的关心他，就应该在私下里提出改进性建议，而不是当着很多人把问题说开。

有的人觉得当众给某人提意见是为了别人好，因此表现的正义凛然，但实际上这往往是开罪别人的原因。当众提出忠告的做法常常让人下不来台，很容易失去别人的好感。

林森起初不过是一位普通职员，在分公司经理的关照下，后来一步步迈上了高位。当分公司经理要被调到总公司任职时，临走之前让大家对所在部门提出合理化意见，以使整个部门将来有更大改进。林森想让同事们知道，他所取得的成绩并不是靠谁的关照，而是通过自身努力得来的。于是，林森带头给经理提了几条很"宝贵"的意见，分公司经理的脸色立刻晴转多云，在以后很长时间里都对他不理不睬。

林森只想显示自己的正直，却将他的贵人推向不利境地，让对方大失面子。假如林森是在私下里提出这些意见，不仅可以说得更详细，还能让即将高升的分公司经理更赏识他。

有时候，一些人出于炫耀心理或者假装客套，会征求一下别人的意见或忠告，此时需要格外注意，不要真的把忠告当众提出来，否则是会得罪人的。

某公司计划开展一次野炊活动，主要由田苗领导的部门负责组织，为了锻炼下属的组织能力，她将这次活动交由一个下属去做。

结果出乎田苗的意料，这次活动开展的非常成功，她甚至认为自己都做不到这么好。在最后的娱乐节目中，大家兴致正高时，那位下属突然要求田苗给这次野炊活动提点建议。当时，田苗觉得活动组织得很好，下属也做得很不错，只是在小的细节上有点不足，于是她提出了几条改进意见。当时那位下属的脸色就有些难看，但碍于田苗是上司，也不好说什么。主持人没了兴致，活动也只有草草收场了。

詹姆士·哈维·罗宾森教授在《下决心的过程》一书中说："人们也许会很自然地改变自己的想法，可假如有人当众说他做得不对，他则会固执己见，更加维护自己的想法。这倒不是因为这种想法本身多么有价值，

跟谁都合得来

他维护的其实是他的自尊心。"人人都有自尊心，人人都有维护自尊的本能，如果你想对某人提出忠告，不要忘了维护对方的尊严。私下提出忠告，不仅能让你有回旋的余地，就算你提出的意见是错误的，也不会有损你在别人心中的形象，而且有利于维护别人的尊严，不至于使别人被动和难堪。这样的话，你提出的意见才可能被采纳，也才可能得到别人的信任。

在人际交往中，如果彼此不是很熟悉，当你发现别人说错话的时候，可以有意识地重复别人说错的地方，别人自然会很体面地接受你的指正，并且对你产生好感。另外，在发现别人做错事情的时候，聪明人不会采用说教的语气给别人指出错误，而是采用温和的态度纠正别人的错误，这种提出忠告的方式会为你赢得好人缘。

第 8 章

求人办事,顺心顺意顺利

世上没有办不成的事,只有不会办事的人。求人办事要讲究策略和方法,你首先得用语言感动人、说服人、感染人,只有在达到共鸣的基础上,才能缩短彼此的距离。总之,你得让别人从心理上认可你,才可能从行动上去帮助你,让你顺心顺意顺利办成事。

跟谁都合得来

以情动人，让人不好意思拒绝

在人际交往中，要想得到别人的帮助，首先要有感情基础，要学会打"感情牌"，学会以情动人。一旦别人认同了你，求人办事的目的自然会顺利达到。

俗话说"动人心者莫过于情"，情动之后才会心动，心动之后理才顺。人是感情动物，这就决定了人与人之间的交往存在很多情感因素。因此，在求人办事时，如果能巧妙地打好"感情牌"，能利用"情"打动对方，就会取得意想不到的效果。

戴笠在重庆成立特务组织以后，大肆屠杀共产党员和革命群众，手段残酷无比。

有一天，戴笠的办公室来了一位特殊客人。戴笠一听是家乡来的人，连忙谢绝与其他重要人士的会面，赶紧赶到办公室。

戴笠进到办公室一看，原来是与他从小一块长大的表弟，连忙让人端茶倒水，热情招待。但是这个表弟好像很不领情，说话也带有讽刺："大表哥现在真是春风得意，前程一片大好，一下子也认不出我这个表弟了吧？"

"哪里哪里，表弟终究是表弟，怎么可能认不出来呢？我也时常想起表弟，但是苦于公务繁忙，没得机会相见，真是遗憾呀。这次相见，我们可得好好叙叙旧啊！"戴笠一听表弟话中带刺，还以为是表弟怪罪他常年不回老家，略显生疏的缘故呢。

"表哥千万别这么说，表弟现在是穷困潦倒、地位卑微，哪里敢和表哥叙旧？"表弟满脸不高兴，戴笠一看气氛不对，知道肯定是发生什么事情了，不然表弟绝不会如此。

果然不出戴笠所料，原来戴笠的部下在重庆各地逮捕共产党员，把表弟最要好的一个朋友也给逮捕了，表弟正是为此事而来。

"表哥高抬贵手放他一马吧，他可是我最好的朋友啊。"表弟虽然非常生气，但还是平复心情向戴笠求情。

戴笠虽然很想给表弟一个面子，但是他怎么会轻易放过一个共产党呢？这是戴笠的本性，所以他一口回绝了表弟的请求。

表弟一听戴笠拒绝了，心想今天不管自己如何苦苦哀求，可能都不会说服他立刻放人，还不如换个方法试试看。想到这里，这位表弟立即换了一种表情说："看来正如姨妈所讲，表哥确实是变了一个样，不再是以前的表哥了。姨妈要我别来求表哥，我当时还不信，现如今我不得不信了。"

表弟几乎是哭丧着脸在讲："想当年，我们小时候一起上学，一起赶庙会，一起掏麻雀，一起下河抓鱼，一起上山玩耍……那时候多么开心啊，我们虽然不是亲兄弟，实在是比亲兄弟还要亲呀！如今世事难料，大表哥当官发财了，我们再也不是一路人了，望大表哥多多保重，表弟告辞了！"

表弟的这一番话说的情真意切，那动情的言语让戴笠这个杀人不眨眼的大魔头也禁不住掉下眼泪来。

跟谁都合得来

表弟假装站起来要走,戴笠立刻起身挽留:"表弟且慢,我答应放人还不行嘛!"

就这样,戴笠放走了表弟的朋友。

戴笠虽然是杀人不眨眼的大魔头,但毕竟也是有血有肉的人,他的表弟正是抓住这一点展开情感攻势,进行最后一搏。戴笠没有经得起表弟的情感攻势,终于答应放人。可见,"情"真乃最具力量的武器。

情感是一种无形的资产,巧妙运用这种资产求人办事,会得到意想不到的回报。但情感从何而来呢?主要来自你以前的积累,来自于你以前为现在所做的"投资"。在现实生活中,有人认为求人办事是一项短平快的交易,何必花那么多心思去搞马拉松式的感情投资?这是十足的目光短浅!"平时多烧香,急时有人帮","晴天留人情,雨天好借伞",人际高手都有着放眼长远的眼光,未雨绸缪早做准备,急难时才会有人肯出手相助。

良好的人际关系是求人办事的基础,但人际关系不是一朝一夕就能建立的,必须从一点一滴入手,依靠平时情感的积累。古人说:"积土成山,风雨兴焉;积水成渊,蛟龙生焉。"只有通过不断巩固,人际关系才能牢固。情感投资,聚沙成塔,有了"硬"关系垫底,何愁求助无门?

求人办事的时候以情动人,甚至必要的时候泪眼相加,可以有效地软化别人,让你的苦苦哀求更为动人,达到加速感化别人的效果。伸手不打笑脸人,打一个已经哭成"泪人"的恳求者,极少有人会这么做。"泪眼战术"不是女人的专利,刘备的江山就是哭出来的,不妨来看一下他的几次经典之作:

两次"执手垂泪而哭",哭来了常山赵子龙。两个大男人分别,竟然执手垂泪,明显是收买人心!这个赵云,为人谦和,胆大心细,遇敌争先,临危不惧，忠心赤胆，不求名利。他可为大将，可为先锋，可做保镖、谏官，甚至令押运粮草也毫无怨言，真是称心应手。他曾单骑救幼主，截江夺阿斗，两次救刘备于危难之际。就连甘夫人、猛张飞、老黄忠、谋士简雍，若非赵云出手相救，也多半性命不保。这样一员大将，仅凭两次执手垂泪就忽悠到手，简直太划算了。

刘备三顾茅庐，哭得"泪湿衣襟"，卧龙先生诸葛孔明感其诚，毅然出山相助。南阳三顾情何深，卧龙一见分寰宇，先取荆州，后取西川。霸业图王在天府，纵横舌上鼓风雷，谈笑胸中换星斗，龙骧虎视安乾坤，万古千秋名不朽，虽管仲、乐毅、张良犹不及也。至此，每遇难事，刘备只一句"先生有何高见"，一切迎刃而解，真省心哪！

刘备智激孙夫人，这次哭的技术含量最强。要是撒泼打滚地哭，不仅有失男子汉风范，还会令刚直的孙夫人瞧不起！于是刘备"泣而告曰"，既保住了大老爷们儿的尊严，又表达出了当时焦急的心情，火候把握得真是炉火纯青。当时，若非孙夫人力阻吴兵，纵然赵子龙英勇无敌，也难保刘备和孙夫人同归荆州。

送别张松时，刘备哭得"潸然泪下"，从张松手中"骗取"西蜀地形图，拿到了入川的钥匙。

与刘璋涪城相会时，刘备"挥泪诉告衷肠"，使得西川军民皆以为他是仁德君子。这也是刘备日后进攻西川时，川中将士多有弃甲倒戈者，百姓夹道欢迎的主要原因。诚然，攻取西川与孔明之智、将士之勇密不可分，但刘备眼泪的功效也不容小觑。

眼泪是刘备一生的标签，苦情戏演得好，能达到事半功倍的效果，不能不说刘备还是有些计谋和韬略的。虽说世间人逃不过一个"情"字，求人办事时更是如此，但是千万不能忘记，情真方能动人。所以，在用情打

跟谁都合得来

动别人时，一定要注意自己的情绪，表现"情"时不能冷冰冰的毫无感情，也不能表现得过度热情。可以先用热情套近乎，表明彼此之间有"情"，接着要注意遣词造句，用情要自然大方，不要矫揉造作，如果令人反感，只会弄巧成拙。

主动示弱，恻隐之心人皆有之

遇弱而强，强者也；遇强示弱，强之强者也。放下架子做个"弱者"，以弱者的姿态去求人办事，一定能打动别人同情弱者的恻隐之心。

几乎没有人愿意承认自己是一个弱者，心里巴不得自己是最强大、最优秀、最聪明能干的。在特定情况下公开承认自己的短处，有意暴露某些方面的弱点，往往是一种精明的处世手段。

恻隐之心人皆有之，同情弱者是人类的天性。当我们求人办事时，只要唤醒对方的恻隐之心，调动对方的怜悯之情，使对方在感情上向你靠近，产生心理共鸣，那么你的难题说不定马上就会得到解决。

林肯当律师时，曾经有一位老妇人找到他，向他哭诉自己的不幸遭遇。原来，这位老妇人是孤寡老人，丈夫在独立战争中为国捐躯，仅靠抚恤金维持生活。但就在不久前，丧尽天良的抚恤金出纳员勒索她，要她交一笔手续费才可领取抚恤金，而这笔手续费竟然是抚恤金的一半。林肯听完后十分气愤，决定免费为老妇人打官司。

在法庭上，由于抚恤金出纳员是口头勒索的，没有留下任何证据，因而指责原告无中生有。形势对林肯极为不利，但他十分沉着、坚定，眼含着泪花在法庭上用简练的语言回顾了英帝国主义对殖民地人民的压迫,爱国志士如何奋起反抗,如何忍饥挨饿地在冰雪中战斗,为了美国独立而抛头颅、洒热血的历史。

最后,林肯义愤填膺地说:"现在,一切都成为过去。1776年的英雄,早已长眠地下,可是他们衰老而又可怜的夫人,就在我们面前要求申诉。这位老妇人从前是美丽的少妇,曾与丈夫有过幸福的生活。不过,现在她已失去了一切,变得无依无靠。然而,享受着烈士们争取来的自由和幸福的某些人,还要勒索她那一点微不足道的抚恤金,这是什么做法?"

听了林肯这一番话,法庭里顿时一片哭泣声,法官的眼圈也红了,被告人的良心瞬间被唤醒,再也不矢口否认了,并坦白了他的不道德行为。就这样,法庭通过了保护烈士遗孀不受勒索的判决。

没有证据的官司很难打赢,然而林肯还是成功了。这应当归功于他在法庭上的一席话强烈地激发了在场所有人的同情心,驾驭了听众及被告人的心理,达到了理智与情感的有机统一,收到了征服人心的效果。同情心让在场的所有人都哭了,甚至让被告一方主动认错。人心都是肉长的,只要你将遭受不公的情况和你内心的痛苦如实地说出来,别人一定是会动心的。

有时候,过于执着某些方面,以不屈不挠、百折不回的强者精神坚持到底,反而输掉了自己。学会低头示弱,有时是最明智的选择。因为示弱可以减少乃至消除别人对你的不满或嫉妒,也可以使别人放松针对你的警惕性。

曾经有一名外国记者去拜访一位著名政治家,目的是获得一些有关他的丑闻。然而,还没来得及寒暄,这位政治家就对企图质问他的记者说:"我的时间多得很,我们可以慢慢谈。"记者对政治家这种从容不迫的态度

跟谁都合得来

深感意外。不多久,仆人将咖啡端上桌来,这位政治家端起咖啡喝了一口,立即大叫道:"好烫!"咖啡杯随之滚落在地。

等仆人收拾好后,政治家又把香烟倒着插进嘴里,从过滤嘴处点火。记者赶紧提醒:"先生,您将香烟拿倒了。"政治家听到这话后,慌忙将香烟拿正,不料却将烟灰缸碰翻在地。平时趾高气扬的政治家出了一连串洋相,使记者更感到意外,原来的那种挑衅情绪竟不知不觉消失了,甚至对他产生了一种亲近感。其实这一切都是政治家提前计划好的。

当人们发现杰出的权威人物也有许多弱点时,过去抱有的诸多成见就会很快消失。示弱是强者在感情上体贴弱者的一种有效手段,它能使强者身边的弱者在心理上得到平衡和慰藉,减少或抵消强者前进路上可能遇到的消极因素。把表面的风光让给别人,把沉甸甸的实惠留给自己,何乐而不为呢?人不太容易改变自身条件的强或弱,却可以用示强或示弱的方式为自己争取有利的位置。

人类没有绝对的强与弱,只有相对的;也没有永远的强与弱,只有一时的。因此,强者与弱者之间最好能维持一种平衡、均势的关系。只要你愿意,不论你是弱者还是强者,承认短处和暴露弱点只是智慧的处世策略罢了。

尤其是在人际交往中求人办事时,示弱会激发别人的同情心和责任感。当你巧妙地点醒别人身负的责任和手中的权力时,会使别人产生强烈的自豪感,并且迅速站到你的立场上,这个时候再难办的事情也能办成。

❁ 软磨硬泡，耐心坚韧总会奏效

厚着脸皮主动出击，不达目的誓不罢休，这样的软磨硬泡立足于耐心与韧性，着眼于感化对方出手相助。如果不分对象、不顾自身条件一味纠缠，定会落个无赖之名，甚至惹祸上身。

求人办事的时候，如果用了很多办法仍然达不到目的，不妨试试"软磨硬泡"的攀缠术。"软磨硬泡"是一种特殊的求人办事技巧，能以消极的方式争取积极的结果，可以表现自己不达目的不罢休的决心和毅力，在无形中给对方施加压力，也可以增加接触机会，更充分地表明自己的态度、思想和感情，让对方做出有利于自己的决定，从而实现求人办事的目的。

这种方法的心理基础在于人都是有感情的动物。如果用了很多方法仍然不能让别人满足我们的请求，那么我们就可以采取消极的策略，以被动的姿态向别人表明我们的态度，从心理上博得别人的理解。当别人的心理极限退防到最低，也就是事情出现转机的时候，软磨硬泡的策略就取得实际效果了。事实证明，软磨硬泡的策略很有效，非常值得尝试。

1946年4月，土光敏夫被推举为石川岛芝浦透平公司总经理，当时日本正处于一个非常时期，百姓生计窘迫，企业发展更是困难重重。

对于当时的日本企业来讲，最大的困难莫过于筹措资金，即便是那些著名的大企业，资金也相当紧张。可想而知，像芝浦透平这种没有什么背景的小公司，就更没有哪家银行肯借钱给它了。

土光敏夫担任总经理不久，生产资金的来源就中断了，芝浦透平公司

跟谁都合得来

面临倒闭危险。为了筹措资金,土光敏夫几乎每天都在走访银行中度过。

这一天,土光敏夫提着盒饭来到第一银行总行,准备与营业部部长长谷川重三郎(后升任行长)商议贷款事项。长谷川重三郎面对这个已经无数次踏进他的办公室、令他感到烦恼万分的人,再一次陷入了无奈之中,实在没有耐心再听下去了。所以,任凭土光敏夫磨破嘴皮子,长谷川重三郎都表现出爱莫能助的无奈之态。

一上午很快就过去了,谈判没有任何结果,但是土光敏夫并没有离开的意思。午饭时间到了,长谷川重三郎觉得一个无聊的上午终于要结束了,就在他沾沾自喜的时候,土光敏夫却慢条斯理地从提包里拿出了带来的盒饭,说:"让我们边吃边谈吧,谈到天亮也行。"硬是不让长谷川重三郎离开办公室。

在这种情况下,长谷川重三郎看到土光敏夫摆出了不达目的誓不罢休的气势,心里虽然憋了一肚子气,但是没有更好的办法,只好决定贷款给土光敏夫。

后来,土光敏夫从这件事中吸取经验,用同样的方法使日本政府给机械制造业支付了一大笔补助金。

土光敏夫的行为具备了软磨硬泡策略的要领:其一,脸皮要厚,不至于一看到"钉子"就缩回头;其二,明显地表达了不达目的誓不罢休的决心;其三,表面上是无理取闹获胜,实际上是以真诚感动了别人。换句话说就是要设法软化被泡对象,讲究"泡法"的礼貌性、合情理,要做到不温不火,不能让别人真生气而翻脸。

有一位人际关系高手,用一个"黏"字概括了他的经验:"天下谁能不求人,你能房顶开门,锅台打井吗?求人就得低三下四,难道还让人家反过来跟你说好话不成?软磨硬泡,说到底只有一个字,那就是'黏'。

咱不是达官显贵,也没有当官的亲戚,所有的关系都得现拉用得着的人,想尽办法把他黏上就是了。"请看他的自述:

老薛号称"非金属大王",你看他现在跟咱们有说有笑的,当年我只是在办公室里和他见过一面,人家连正眼都没瞅咱一眼。我可不怕谁架子大,很快就把他的底细摸清了。当天晚上,我买了一个高级儿童玩具,就送到他家去了。他还是不理我,脸阴得快要下雨了。我假装没看见,拿出玩具和他小儿子玩起来了。他想撵我走,但是没能说出口,他最疼小儿子,我这叫投其所好。

从此以后,我三天两头往薛家跑,每次都买几样玩具,挑比较便宜的买。这时候礼太重的话,反而会让人产生防范之心。老薛对我还是爱理不理,我还是假装看不见,继续和他小儿子一起玩。我这人在家连自家小孩都不抱,却跟一个七八岁的小孩泡上了。那个样子也够人瞧的,可是我不在乎。

我就这样跟老薛软磨硬泡,每次都是跟他小儿子玩,一句正经事也不提。终于有一天,老薛耐不住性子,找我来扯闲话。我暗地里松了一口气,关系就算拉上了。人都长着心,处长了自然就会有感情,只要你能熬得住就行。

"软磨硬泡"的求人办事策略确实有一点儿死皮赖脸的意味,但是就实质来讲,与真正的死皮赖脸、无理取闹是有本质区别的。另外,"软磨硬泡"的求人办事策略看似简单,好像脸皮够厚就可以了,其实并非如此,这里面的学问深着呢。要运用好软磨硬泡的求人办事策略,需要掌握以下窍门:

第一,足够的耐心是"软磨硬泡"的前提和基础。很多人在求人办事遇阻的时候,直接反应通常是烦躁、失意、恼火甚至发怒,这无助于解决

事情。我们应该理智地控制自己的情绪，采取忍耐的态度。这时，忍耐所表现的是对对方处境的理解，是对转机到来的期待和对求人成功的自信。有了这种心境，你就能够在精神上处于强有力的地位，能够方寸不乱，能够调动全部的聪明才智，想方设法去突破僵局。超强的忍耐力是"软磨硬泡"的绝对前提，即使消耗很长的时间也在所不惜。

第二，"软磨硬泡"要善于见机行事。软磨硬泡，不仅要能"泡"，还要会"泡"。换言之，"泡"不是消极地耗费时间，也不是跟别人耍无赖，要善于采取积极的行动影响别人、感化别人，促进事态向好的方向转化。人心都是肉长的，不管双方认识上的差距有多大，只要你善于用行动证明诚意，就会促使别人认真思索，进而理解你的一番苦心，从固执的框架里跳出来，那时你就"泡"出希望了。

第三，"软磨硬泡"要懂得用语言攻心。有时候求人办事，别人一直拖着不办，并不是不想办，而是有实际困难，或心有疑虑。这时，你仅仅靠行动去软磨硬泡，就很难奏效，甚至会把别人"泡"火了、"缠"烦了，更不利于办事。遇到这种情况，嘴巴上的功夫就显得十分重要了。这时候，你要学会理解别人，站在别人的立场上看问题，善于抓住问题的症结，以巧言攻心。俗话说："说话是开启心灵的钥匙。"当你把话说到点子上，就会敲开别人心灵的大门。

至诚贴金，让人帮你帮得踏实

真诚展露自己就是让帮你的人放心，当别人开始信任你的时候，也就会爽快答应你的请求了。

在洽谈生意或说服别人帮助你时，应当用真诚的说话态度，这容易招人喜欢，被人接纳。入情入理的话，一方面显示说服者坦诚的态度，另一方面又是尊重别人并为别人着想。这样一来，无论在交易原则上，还是与人的情感上，都实现了沟通，扩大了双方的共识，更能促使合作成功。

松下幸之助推销产品时碰到了一位杀价高手，他告诉对方："炎炎夏日，工人们在炽热的铁板上制作产品，大家汗流浃背却努力工作，好不容易生产出来的产品，依照正常利润的计算方法，我给您提供的是合理报价。"

对方一直盯着松下幸之助的脸，认真地听他说话。当松下幸之助说完之后，对方展颜一笑说道："哎呀，我可服你了。卖方在讨价还价的时候，总会说出种种不同的话，但是你说得很不一样，句句都在情理之中。"

松下幸之助为什么能成功呢？或许就在于他真诚的说话态度。他强调是依照正常的利润计算方法确定价格的，并没有贪图非分之财的想法，同时也暗示对方没有讨价还价的余地。这就使得对方调整角度，与他达成共识。

松下幸之助确实是一位煽情高手，他的语言充满了情感。他描绘工人劳作的艰辛，语言朴素、形象、生动，语气真挚、自然，唤起了对方的切肤之感和深切同情。正如对方所说，松下幸之助的话"句句都在情理之中"，对方愿意接受报价也在情理之中。

在与人交往时，我们必须秉持一颗至诚的心，不要成为巧言令色、油嘴滑舌之辈，并根据时间、场所和对象的不同，将自己最好的一面通过"说话"表达出来，如此才能建立良好的人际关系，使自己融入群体之中。

许多年以来，奈佛先生一直想把燃料卖给一家大连锁店，但是这家连锁店一直在外地购买燃料，运货的路线正好从奈佛先生办公室的门口经过。

跟谁都合得来

奈佛先生很生气,就在美国著名人际关系学家戴尔·卡耐基的课堂上大骂这家连锁店。奈佛先生说出他的心事后,卡耐基建议他改变方略,首先是在课堂上举行一次辩论会,主题就是连锁店的广布,对国家害多益少。卡耐基建议奈佛先生加入反方,奈佛先生同意了。

由于要为连锁店辩护,奈佛先生便去拜访连锁店的经理,并告诉他:"我不是来推销燃料的,我是来找你帮个忙。"奈佛先生把来意说清后,特别强调:"我来找你是因为我想不出还有谁能提供更客观的事实,我很希望能赢得这场辩论,无论你提供什么帮助,我都十分感激。"

在辩论会上,奈佛先生说道:"我原本要求连锁店经理只挤出一点儿时间,所以他才同意见我。当我把事实说出之后,他指着一张椅子要我坐下,和我交谈了一个多小时。后来,他请来了另一位主管,那人写过一本有关连锁店的专著。连锁店经理认为连锁店提供了最真实的服务,他也以能够为许多社区服务为荣。当他侃侃而谈的时候,两眼似乎发亮,让我明白了许多意想不到的事情,也改变了我的心态。"

"在我离去的时候,连锁店经理陪我走到门口,用手揽住我的肩膀,祝我辩论得胜,并且让我再去找他,让他知道辩论的结果。最后,他向我说:'下次你来找我的时候,我很愿意向你买些燃料。'这真是奇迹,他居然主动提起买燃料的事。由于我对这家连锁店的关心,使他也转而关心我的产品,因而能在几个小时里达成很多年来没有做到的事。"这个时候,奈佛先生发现了一个并不陌生的道理:当你关心别人的时候,别人也会关心你。

倘若你能站在别人的立场上,设身处地为别人着想,并且全面分析双方的利弊得失,语气亲切,态度真诚,不卑不亢,入情入理,那么你就能够打动别人,达成自己的意愿。

以小引大，让人接受你的请求

一个人一旦接受了别人的小要求，为了避免认知上的不协调，想给他人前后一致的印象，就有可能接受更大的要求。

一般情况下，人们都不愿接受较高较难的请求，因为费时费力又难以成功；相反，人们却乐于接受较小的容易完成的请求，并慢慢接受较大的较难完成的请求。这种现象犹如登门槛时要一级台阶接一级台阶地登，这样能更容易更顺利地登上高处，这就是"登门槛效应"。

"登门槛效应"在现实生活中的应用实例并不少见，比如男性追求女性，直截了当地求爱可能会吓跑女性，如果从朋友做起，就很容易达成目标。我们求人办事，因为事情存在难度，别人很可能会拒绝，但是让别人帮个小忙的话，别人则会欣然接受，也就是这个道理。

有个小和尚想跟师父学武艺，可师父什么也不教他，只交给他一群小猪，让他用心放养。庙前有一条小河，每天早上小和尚都要抱着一头头小猪跳过河，傍晚再抱回来。后来，小和尚在不知不觉中练就了卓越的臂力和轻功。原来，小猪一天天长大，小和尚的臂力和轻功也在不断增强，他这才明白师父的用意。

实际上这也是"登门槛效应"的应用，小和尚的臂力和轻功就是在无声的"登门槛效应"中慢慢练成的。我们再看一例：

在一次万米长跑赛中，某国一位实力一般的女选手勇夺桂冠。记者纷

纷打探奥秘,她回答说:"别人都把一万米看作一个整体目标,我却把它分成10段。在第一个千米时,我要求自己争取领先,这比较容易做到,因此我做到了;在第二个千米时,我要求自己继续领先,这并不难,所以我也做到了……这样,我在每一个千米时都保持领先,并超出其他选手一段距离,所以夺取了最后胜利,尽管我的水平不是最好的。"

根据"登门槛效应",当我们要求某人做某件较大的事情又担心别人不愿意做时,可以先向别人提出做一件类似的较小的事情。当别人接受了这个小要求时,就有可能答应更大的请求,也就是想"进尺"不妨先"得寸"。在运用"登门槛效应"时,应当注意以下几点:

第一,"门槛"不能太高,否则无法"得寸"。一般情况下,人们不会拒绝举手之劳的事情,因此在提出正式要求之前,你要做好充分准备,将别人的实力调查清楚,否则可能你所谓的小要求,对于别人来说也很难达成。比如,你是一位管理者,高估了某位下属的能力,交给他一件你认为的小事,他却没有办好,主要是因为你没有事先了解清楚。相反,当你了解他的做事习惯、办事能力后,先提出一个只要比过去稍有进步的小要求,当他达到这个要求后再接再厉,逐步向他提出更高的要求,这样他更容易接受,预期目标也容易实现。

第二,注意"进尺"的尺度。现实生活中,我们经常会拒绝那些进门之后直接推销产品的推销员,就是这个道理。当推销员向我们获得准许,在得了"寸"后便会进"尺",将销售协议拿出来。事实上,此时,我们的内心世界并没有消除对推销员的戒备心理,可想而知我们是不会买账的。求人办事或者向别人提出请求,千万不能急功近利,否则只会事倍功半。

第三,确定别人是否能接受你"得寸",从而让你"进尺"。现实生活中,一般人都能接受"登门槛效应",人们都希望在别人面前保持前后一致的形象,不希望别人把自己看作喜怒无常的人。因此,在接受别人的要求、对别人提供帮助之后,再拒绝别人就变得更加困难了。如果这种要求给自己造成的困难并不大的话,人们往往会有一种"反正都已经帮了,再帮一次又何妨"的想法,于是"登门槛效应"就发生作用了。

可以说,"登门槛效应"是一种求人办事的迂回技巧,在"引诱"别人先答应我们的小要求后,答应大要求的可能性也就更大。

互惠互利,让对方产生回报心

在现实生活中,我们要努力寻求能够帮助别人的机会,让别人主动产生必须回报的负债感,也就是想要人助你,必须先助人。

中国人素有"投桃报李"的美好传统,有"来而不往非礼也"的交往习俗,正是在相互照应和你来我往中增进了彼此间的感情,这也是我们这个礼仪之邦的习惯和规矩。实际上,这样的社交心理是有依据的,即人际交往中的"互惠原理",因为人们在接受了别人的恩惠和帮助时,往往就会有一种负债感,所以就会产生回报的心理。

《战国策》中有这样一个故事:齐国人冯谖由于贫困潦倒,几乎没有办法维持生计,无奈之下才去投靠孟尝君。孟尝君问冯谖有什么才能,冯谖说他没有什么大才能,但是礼贤下士的孟尝君还是收留了他。

后来,冯谖两次三番地对所受到的待遇表示不满,甚至公然弹剑而歌。孟尝君闻知后,一一满足了冯谖的要求,让他在心理上有了满足感和安全感。后来,冯谖自愿去薛地收债,通过收买人心的举措,让薛地百姓对孟

跟谁都合得来

尝君感恩戴德，为孟尝君开辟了一条后路。

冯谖之所以自愿去薛地收债，目的是为孟尝君开辟一条后路，也是报答孟尝君的知遇之恩。可以说，在与人打交道这一点上，孟尝君确实有独到之处。

微软公司前首席执行官史蒂夫·鲍尔默曾经说过："责任感，就是成就神话的土壤和条件。"在你经营人脉的时候，什么才是你最重要的责任呢？答案很简单，那就是主动帮助别人，不断地帮助别人，尽你所能地帮助别人，只有这样你才会获得别人的信赖，你储存的人脉才会越来越广。他日你需要帮助的时候，别人必定会挺身而出，为你效力。

当你有意识地这样去做的时候，迟早有一天会创造出最不可思议的神话，就像下面这个故事中的年轻人：

在一个刮着大风、天气寒冷的夜晚，一对上了年纪的老夫妻走进一家很简陋的小旅馆，他们显得非常疲惫。很不巧的是，这家小旅馆已经客满了，两位老人不知如何是好，叹着气说："这里已经是我们寻找的第16家旅馆了，家家都是客满，偏偏又碰上这样的鬼天气，我们该怎么办呢？"

这家小旅馆的服务员是一个很善良的年轻人，他不忍心让这对老夫妻继续在大风里寻找可以投宿的旅馆，主动建议道："如果你们不嫌弃的话，今晚就睡我的床铺吧，我可以在大厅打地铺睡一晚。"

这对老夫妻接受了年轻人的建议，并且很感激这个年轻人。第二天，这对老夫妇提出要付房费，但年轻人拒绝了。临走时，老头儿笑着对年轻人说："你的才能绝对胜任五星级酒店的总经理。"

"那我就可以多赚些钱，让母亲过上更好的生活了。"年轻人随口说道，然后很爽朗地笑了，他当时并没有多想。

多年后的一天，这个年轻人收到一封从纽约寄来的信，寄信者正是当年那对老夫妻,他们邀请年轻人去纽约,并随信寄来一张去纽约的机票。

年轻人来到纽约之后,那对老夫妻将他领到第五大道,指着一幢摩天大楼对他说:"这是一家专门为你而建的五星级酒店,现在我们正式邀请你来当总经理。"

这个年轻人的成功是偶然的也是必然的,偶然的是他遇上了改变他命运的一对老夫妻,必然的是因为他具备乐于助人的品质,所以他改变命运的方式是典型的"贵人相助",前提是他帮助了贵人。

一个年轻人因为一次很简单的助人为乐之举,得到了一个彻底改变平凡命运的机会,这有些像天方夜谭的神话,似乎离我们很遥远。实际上,这是一个真实的故事,故事的主人公就是纽约奥斯多利亚大酒店总经理乔治·波菲特和威廉夫妇。

我们可以得出一个结论:这个世界上最成功的人从来不会一味地向别人索取帮助,他们会挖空心思寻求能够帮助别人的机会。很多善于与人交往的人都有一条交往原则,那就是帮助落难英雄。

在与人交往的过程中,别人的态度和行为是由我们的态度和行为决定的。我们与人为善、乐于助人,别人就像我们的一面镜子,同样也会对我们友好和善、帮助我们。不管你是否觉察到,这都是显而易见的,因为人是感情动物,当你帮助别人之后,别人内心就会油然而生感激之情,并产生回报的愿望。

爱人就会被人爱,恨人就会被人恨,助人就会被人助……了解了以上事实,我们在人际交往中就要谨守互惠原则:你怎样待人,人就将怎样待你。要想得到别人的帮助,就要首先帮助别人,让别人产生必须回报的负债感。

跟谁都合得来

学会恭维，求人办事会更有效

如果我们能学会恭维，把恭维当成一种处世策略和处事技巧，养成一种恭维别人的习惯，那么在求人办事的时候将不会遭遇太大困难。

人性的弱点决定了人是最禁不住恭维的动物，这在人际交往中体现得尤为明显。人和人交往，尤其是最初的交往，互相有很多戒备，矜持或者骄傲，有的人还会露出傲慢。但是，如果你知道恭维是一种美德，并且知道如何恭维别人，交往的障碍很容易就消除了。无论别人多么骄傲，只要受到你的恭维，立即就会收敛。如果两个人都骄傲，又都不会恭维，那么几乎没有可能继续交往。可见，会不会恭维，直接决定着一个人的交往能力和人脉圈大小。

人人都应该学着说几句恭维话，爱听恭维话是人性的特点。说恭维话的人不是小人而是圣人，因为他们看清看透了人性的特点，把说恭维话当成一种交往策略和交往方式，一种实现自我的艺术。节目主持人恭维观众，可以赢得掌声；商家恭维顾客，可以赢得生意；恋人恭维心上人，可以赢得爱情；下属恭维领导，可以赢得升迁；谈判桌上恭维对手，可以赢得合作……恭维的好处何其多呀！具体到人际交往中求人办事这个层面，恭维也显得非常重要。

有一位女歌星，从日本到香港，打算小住之后，再到东南亚表演歌舞。这位女歌星需要一两个短剧本，如果香港很有名的作家能够为她动笔就太好了。她认可的这位作家学贯中西、文笔风趣,但脾气古怪,平时也很忙。

这位女歌星打电话给朋友,说她已由某导演介绍,当晚就要和某作家共进晚餐,但她不知道怎样向他开口提出请求。

"你究竟打算请他写什么样的短剧?"

"随便,只要他肯写就行。"

"这样是不行的,他不明白你的需要,可能写得不理想,等他写完之后,你再请他修改,问题就变得严重了!"

"我最希望他替我写哑女奇缘,不过要有新的内容,不要以前的故事。"

"这样很好,他以前写过不少这类东西,你只要说知道他曾写过这些剧本,并且十分崇拜就行。"

过了两天,这位女歌星给朋友打电话,很高兴地说:"他不等我提出要求,便答应替我写两篇短剧了。"

"怎么会这么顺利呢?你到底使了什么魔法?"

"就像你告诉我的一样啊。一见面,我就对他讲:我非常喜欢他的作品,他的作品很流行,如果能够参演他的作品,肯定会大红特红。还没等我提出请他帮我写剧本,他已经主动要求帮我量身定做两篇短剧了,你说神奇不神奇?"

"我只是随口说说,没想到还真管用,简直让人难以置信。"她的朋友在电话那头,简直不敢相信自己的耳朵。

这就是"恭维"的神奇之处,几句恭维话就可以产生神奇的效果。我们求人办事时是不是也应该试一试这种办法呢?从某种意义上讲,几乎任何人都爱慕虚荣,对自身至少一个地方有极强的虚荣心,如果我们在求人办事时,能够找到对方的闪光点,以此为突破口给予适当的恭维,那么一

定会发生我们所期望的功效。正如吉斯特菲尔伯爵说的那样："各人有各人优越的地方，至少也有他们自以为优越的地方。在其自知优越的地方，他们固然喜爱。"在人际交往中，我们一定要找到别人身上自以为优越的地方，然后给予适当的恭维。

虽然恭维话有助于我们在求人办事时提高效率，然而这一定建立在我们的恭维话是合理、科学、适度的基础之上。如果在不该恭维时强恭维，很可能会弄巧成拙，而引起别人的反感，自然就办不成事了。

那么，恭维话应该怎样说才算适度，才不会引起别人的反感情绪呢？我们认为，适度的恭维话应该满足以下几点：

第一，恭维话要坦诚得体，必须说中别人的长处。人总是喜欢被奉承的，即使明知对方说的是奉承话，心中还是免不了会沾沾自喜，这就是人性的弱点。换句话说，一个人受到别人的夸赞，绝不会觉得厌恶，除非说得太离谱了。恭维别人要有一份诚挚的心意及认真的态度，言辞反映一个人的心理，轻率的说话态度很容易被别人识破，必然使其心中不快。

第二，背后颂扬的效果更好。背后颂扬别人的优点，比当面恭维更为有效，这是一种至高的技巧。在人背后颂扬人，在各种恭维方法中，要算是最使人高兴的，也最有效果的。在现实生活中，如果有人在背后说了许多关于你的好话，难道你会不高兴吗？这些赞语当着你的面说，或许会使你感到虚假，疑心恭维者不是诚心的，然而间接听起来就会觉得很悦耳。由此可见，背后恭维更容易打动人。

第三，恭维话一定要适度，不要随便恭维别人。恭维是美丽的谎言，首先要让人乐于相信和接受，便不能把傻孩子说成是天才一般离谱；其次是要高雅端庄，不能俗不可耐、低三下四，糟践自己也让别人反胃；再者是不可过白过滥，毫无特点，不动脑子。

第 9 章

阳光心态，让你左右逢源

为人处世是一门大学问，人际交往是这门学问中的重要章节。想要在社交场合左右逢源，必须有意识地寻找和采用必要的手段、途径，悉心调适好你的情绪，极力塑造健康向上的阳光心态，才能让你从容面对一切，讨人喜欢，得人青睐，获人效力。

跟谁都合得来

 越是愤怒,越要及时控制情绪

愤怒在某些情况下是一种正常反应,但并不是在任何情况下都需要如此。每个人都有情绪,我们不能以此为借口,让自己的愤怒情绪毫无顾忌地发泄出来。

心理失调会产生不良情绪,一旦不良情绪长期积压,得不到及时释放,就会危害一个人的健康,甚至会发展成为心理疾病。这就要求我们学会释放不良情绪,让它随风而去,脱离我们的心灵。当一个人莫名其妙地成为别人发泄愤怒的对象时,是否能够控制情绪,是否能够心平气和,常常决定了他今后的发展。

康农是一位来自伊利诺伊州的美国国会议员,在他上任不久后的一次会议上,受到了另一位议员的嘲笑:"这位从伊利诺伊州来的先生口袋里恐怕还装着燕麦呢!"

这句话是讽刺康农身上带有农民气息,这种嘲笑使他非常难堪,但他并没有因此愤怒,而是从容不迫地答道:"我不仅口袋里装有燕麦,而且头发里还藏着草屑。我身上是有些乡村气，可是我们的燕麦和草屑，却能生长出最好的苗来。"

面对讽刺之言，康农没有恼羞成怒，而是很快冷静下来，就着对方的话"顺水推舟"，做了绝妙的回答。康农不仅没有尊严受损，反而闻名于全国，被人们恭敬地称为"伊利诺伊州最好的草屑议员"。

愚蠢之人在愤怒时经常做出伤人伤己的事情，智慧之人却用行为来控制情绪，避免不愉快事情的发生。虽然每个人都知道愤怒会带来伤害，但没有人能保证自己不愤怒。愤怒是一种非常大众化的情绪，不管你是什么人，男人也好女人也罢，孩子也好老人也罢，富人也好穷人也罢；也不管你是什么肤色、什么民族，或者是不是宗教信徒，任何人都会受到愤怒的困扰。除了用语言发泄愤怒，你还可以用很多方式来释放压抑的内心。比如痛哭之后，心情就会变得平静，很容易忘记那些不愉快的事情。

有人说，愤怒就像压力锅中的蒸汽，不发散出来就会不停地郁积直至爆炸，因此消除愤怒、缓解压抑情绪是对身心健康十分重要的事情。当你要愤怒的时候，应当尽量控制自己的情绪，最好是暂时离开让你产生愤怒的地方，让自己冷静下来以后往往会有新的看法，这时再处理问题也许会更理智一些。另外，你可以主动做一些消耗体力的运动，如跑步、游泳、登山等，使一时的不快得以宣泄。

鲍勃是一个在30岁之前就已经结了三次婚的年轻人，他认为自己在选择配偶方面很不走运："我找的似乎总是泼妇。"然而实际情况是，鲍勃的脾气非常不好，每当他和妻子面临某种压力或冲突时，比如遇到经济压力、孩子的教育、双方父母的需求等问题时，他就很容易产生挫折感，并且大发雷霆。鲍勃的坏脾气由来已久，当他还是一个孩子的时候，他的坏脾气就很有名了，长大后他的脾气更是越来越坏。

跟谁都合得来

愤怒无法彻底消除，也没有必要消除它，但是人们有必要对它进行管理和控制。不管是在家里、在单位，还是和关系亲密的人相处，都需要合理制怒，这样你才可以获益。因此，越是愤怒的时候，越要控制自己的情绪。

如果你是一个容易愤怒却不善控制的人，建议你不妨做一本愤怒日记，记下你每天的发怒情况，然后每周作一个小结，这会使你知道什么事情经常引起你的愤怒，了解处理愤怒的合适方法，从而逐渐学会正确地疏导愤怒。要记住：你有表示愤怒的权利，但并不意味着你一定要行使这项权利。

愤怒时应当以恰当的方式发泄内心淤积的情感，以一种更加健康的情感来取代使你产生愤怒的情绪，虽然事情过后你很可能还会生气或是失望，但至少可以暂时消除不利于精神健康的有害情感。

不去怨恨，生活更加丰富多彩

人是感情动物，总会有烦恼的时候。在这些烦恼中，有一些可以设法解决，有一些可能根本无法解决。不管怎样，我们都不能心存怨恨，而是找到烦恼的根源，想尽一切办法把它拔除。

一个经常失败又不知道从哪里爬起来的人，在寻找失败的借口和原因时，往往习惯于责备社会、制度、人生，抱怨自己运气不好。对于别人的成功与幸福，也总是感到愤愤不平。因为这样的人一贯认为，现实足以说明他受到了不公正和不公平的待遇。如果在你身上也有相似的状况发生，此时你需要与自己进行一场心灵对话。

愤愤不平是企图用所谓不公正、不公平的现象来为自己的失败做辩护，使自己感到好过一些。实际上，作为对失败者的安慰，怨恨是非常不可取的办法，比生病还要糟。怨恨是烈性的精神毒药，它使快乐的力量逐渐消耗殆尽，最后形成恶性循环。如果不能让自己及时走出误区，就有可能会像下面案例中的马蕊一样，害人害己，得不偿失。

某大学少年班19岁的大四女生马蕊（化名）窃取了美国明尼苏达大学(UMN)发给同班同学晓欣（化名）的邀请信(Offer)，并冒名晓欣用E-mail与美国校方取得联系，拒绝了赴美留学的邀请，并推荐了她自己。晓欣因为迟迟没有收到明尼苏达大学的正式邀请，发信询问美国校方时才发现已经被人冒名拒绝了邀请。经过学校的调查、取证，很快发现是马蕊在捣鬼！

后来，马蕊在该校的电子信息栏上发表了一篇"悔过书"，她写道："我的心理一度处于狭隘的状态。由于对周围发生的好多事情的极端看法，让我对生活、对人都很失望。我开始怀疑，甚至憎恨周围的人。我便在没有考虑严重后果的情况下，做了不该做的事。这种报复的心理真的很可怕。我也憎恨自己的这种行为，并为此感到羞耻。"

怨恨的结果是塑造劣等的自我意象。当一个人习惯于觉得自己是不公正和不公平的受害者时，就会把自己定位于受害者的角色，随时可能寻找借口产生怨恨。

产生怨恨的真正原因是一个人的情绪反应，只有自己才有力量克服它，如果你能理解并且深信怨恨不是使人成功与幸福的方法，你便可以坚决改掉这种习惯。

在法国一个偏僻小镇，有一眼特别灵验的泉水，据说经常会出现神迹，能医治各种疾病。一天，一个少了条腿的退伍军人拄着拐杖艰难地走过小镇上的马路，前往那眼泉水。当地居民用带有同情的口气说："可怜的家伙，

跟谁都合得来

难道他要向上帝祈求再长一条腿吗?"

退伍军人听到后,说道:"我不是要向上帝祈求一条新腿,而是要祈求他帮助我,在我失去一条腿后,也知道如何把日子过好。"

一个人有怨恨之心,就不可能成为自立自强的人,就不可能成为自己灵魂的船长、命运的主人。怨恨的人把自己的命运交给别人,即便有人能给他快乐,他也一样会怨恨,因为不一定是按照他希望的方式给的;若是生活不如意,他的怨恨会更多,因为他觉得生活欠他太多。

有一个寓言说,人要把开心的事情刻在石头上,把不开心的事情写在沙滩上,那么开心的事情可以永远流传,不开心的事情则会随风而散。不管我们用什么方法都只求达到一个目的,就是要把当下的烦恼抛到脑后去,甩掉郁闷的心情,每天活得开开心心,这样的生活才是丰富多彩的。

胡乱猜疑,难以活得自由自在

猜疑是心灵闭锁者人为设置的心理屏障。只有敞开心扉,将心灵深处的猜测和疑虑开诚布公,增加心灵的透明度,才能消除彼此之间的隔阂,增加相互信任,获得最大限度的谅解。

猜疑性是所有动物都具有的一种本性,群居动物的猜疑性更甚。普通动物一般猜疑天敌,群居动物除了猜疑天敌,还猜疑同类。"惊弓之鸟"就表现了鸟类的猜疑性。

大雁飞行时总是成群结队,夜里宿营时由一只或几只机灵的大雁在高处为整个雁群放哨,担任警戒任务的大雁叫"哨雁"。休息了一夜,天色一转亮，雁群又由头雁领航，幼雁随后，老雁压阵，继续漫长的旅程。

哨雁夜晚放哨时必须尽职尽责，一直处在高度紧张的机警状态，稍有动静就嘎嘎大叫，向同伴发出紧急警报。哨雁的这种习性被一些偷猎者掌握了，他们想出了一个特别坏的主意：一旦发现雁群的宿营地，先偷偷地潜伏下来，到了后半夜再故意弄出一点动静，惹得哨雁嘎嘎报警，却并无任何险情。由于每只大雁都有猜疑性，所以雁群对哨雁不信任了，它们群起啄咬哨雁，直至把哨雁啄咬得鲜血淋漓。有了这样的"窝里斗"，整个雁群都得不到好好休整，所以黎明时分都没精打采的，再也飞不高了。这时候，狡猾的偷猎者就会狞笑着向它们举起猎枪，最惨的通常是那些被啄咬得鲜血淋漓的忠诚的哨雁……

猜疑心理在人类身上表现得更加突出、更加广泛，疑心、疑兵、疑阵、疑忌、半信半疑、疑神疑鬼等词语表现出或利用的正是人的猜疑本性。中国古典名著《三国演义》中就有不少因为猜疑而让人印象深刻的场景。

曹操刺杀董卓失败后，与陈宫一起逃至吕伯奢家。曹吕两家是世交，吕伯奢见曹操到来，想杀一头猪款待他，可是曹操听到磨刀声，又听说要"缚而杀之"，便起了疑心，以为是要杀他，于是不问青红皂白，拔剑残杀无辜。

刘备逝世后，诸葛亮为了报答先主的知遇之恩，统帅三军北伐中原，司马懿连败数阵，转入被动防守。在这样的紧要关头，后主刘禅中了司马懿的离间计，火速将诸葛亮召回成都，结果忠心耿耿的诸葛亮"出师未捷身先死，长使英雄泪满襟"。

从上述例子不难看出，猜疑是人性的弱点之一，历来是害人害己的祸根，是卑鄙灵魂的伙伴。一个人一旦掉进猜疑的陷阱，必定处处神经过敏，事事捕风捉影，对别人失去信任，对自己心生疑窦，损害正常的人际关系，

跟谁都合得来

影响个人的身心健康。

在现实生活中,我们经常会碰到一些猜疑心很重的人,他们整天疑心重重、无中生有,认为人人都不可信、不可交。对于别人脱口而出的一句话很可能要琢磨半天,努力发现其中的"潜台词",因此不能轻松自然地与人交往,久而久之便不愿参与公共活动,也很少与人交心,整天闷闷不乐、郁郁寡欢。由于刻意自我封闭,阻隔了外界信息的输入和人间真情的流露,逐渐由怀疑别人发展到怀疑自己,变得自卑、怯懦、消极、被动。

猜疑是基于一种对他人不信任的、不符合事实的主观想象,具有猜疑习惯的人与别人交往时,往往抓住一些不能反映本质的现象,发挥主观想象进行猜疑,造成对别人的行为产生误解。虽然猜疑习惯有种种表现,但我们可以发现一些共同的特征,即没有事实根据,单凭主观想象;只重表面,忽略本质,片面推测;只相信自己,怀疑他人,挑剔他人。具有猜疑习惯的人把自己置于苦恼的心态中,对别人采取不信任的态度,甚至对自己也会产生怀疑。

凡是平时好猜疑者,往往是心胸狭窄者,一有"风吹草动",就会惊慌失措,牵动敏感的神经,处处"草木皆兵"。个别人甚至出于防范的本能,不惜采取"以牙还牙"的过激行为。因此,每个人对人对事千万别随意猜疑、随意设防。中国当代作家王蒙说:"对某人某事感到意外时,先从好处想想,可能他做这件事是为了帮助你,至少客观上对你无损,而千万不要立即以敌意设想旁人。"

分散注意，狙击坏情绪的突袭

在人际交往中，不能一直把注意力集中在一两个点上，否则越往深处，越容易把自己困在其中。这个时候需要适当分散一些注意力，通过转移注意力可以跳出一些"死胡同"。

这是一个由矛盾组成的世界，人与人之间难免会有这样或那样的矛盾。当你与别人发生摩擦、误会甚至仇恨时，不可因为一时愤怒而失去理智，要用宽容和忍耐来熄灭心中怒火，那样才会多一分成功的把握。否则，你在通往成功的道路上将有无数阻碍，将永远挣扎在失败的边缘线上。

1936年9月7日，世界台球冠军争夺赛在纽约举行。路易斯·福克斯的得分一路遥遥领先，只要再得几分就可稳拿冠军了，这时一只苍蝇落在主球上，他挥挥手将苍蝇赶走了。当路易斯·福克斯俯身击球的时候，那只苍蝇又飞回到主球上来了，他再次起身驱赶苍蝇。这只讨厌的苍蝇破坏了路易斯·福克斯的情绪，而且它好像是有意跟他作对，只要他一回到球台，它就飞到主球上来，引得周围的观众哈哈大笑。

路易斯·福克斯非常气愤，一下子丧失了理智，愤怒地用球杆击打苍蝇，球杆碰到了主球，裁判判定对手击球，他因此失去了一轮机会。路易斯·福克斯方寸大乱，导致连连失利，而他的对手约翰·迪瑞却愈战愈勇，终于赶上并超过了他，最后摘走了桂冠。

第二天早上，人们在河里发现了路易斯·福克斯的尸体，他投河自杀了！

跟谁都合得来

一只小小的苍蝇，竟然可以搅得路易斯·福克斯心神不宁，当他愤怒到极点的时候，便失去理智地用球杆频频击打苍蝇，这就注定了他不会赢得这场比赛的胜利，因为他在心理素质上就已经输了。试想一下，没有良好的心理素质，容易被情绪控制的人，能顺利取得最后的胜利吗？更何况这是举世瞩目的世界级大赛，面对的都是强大的对手，一点儿疏忽都会导致失败。然而，这场悲剧本来是可以避免的，当苍蝇落在主球上的时候，不理它一门心思击球就是了！当主球飞速奔向既定目标的时候，那只苍蝇还能站得住吗？它肯定会飞得无影无踪了。

当你不能很好地掌控情绪时，就很容易导致失败，甚至造成难以挽回的结局，或者给自己留下永远的悔恨。有这样一个故事，讲的就是因为情绪失控而酿成悲剧。

一对年轻人结婚后生了一个小孩，但太太因难产而死，只留下丈夫和孩子相依为命。

父亲既要去挣钱，又要照顾家，由于没有人帮忙照看孩子，他就训练了一只狗来照看孩子。那只狗很聪明，它会叼着奶瓶给孩子喂奶，还会陪他玩，逗他开心。

有一天，父亲出门去了，只有那只狗在照顾孩子。那天偶遇暴风雪，不能及时赶回家，第二天才回来。他打开房门时，立刻惊呆了，屋里到处都是血迹，孩子不见了，狗的嘴里都是血。父亲看到这种情形，以为是狗狂性发作，把孩子吃掉了，于是暴跳如雷，拿起刀来对着狗猛砍，把狗杀死了。

之后，父亲忽然听到了孩子的声音，然后孩子从床底下爬了出来。父亲急忙抱起孩子，他身上虽然有血渍，但并未受伤。

父亲感到很奇怪，不知道究竟发生了什么事情，再看看狗的尸体，腿上的肉没有了,旁边有一只狼,嘴里还咬着狗的肉。狗与狼搏斗,救了小主人,却被主人误杀了。

这位父亲一时冲动,在没有搞清事实真相之前,就错杀了最忠实的狗。试想一下,如果他能稍微冷静一点,也不至于造成悲惨结局,给内心留下一生自责的阴影。

其实,世界上很多不幸都是因为情绪失控造成的。如果我们能控制好自己的情绪,遇事三思而后行,就可以避免一些不必要的悲伤,也就可以让人生少一些悔恨。

 破釜沉舟,激发自己的潜能量

如何激发潜能,几乎是每个人追寻的目标,每个人都要想象自己身后有一只狼。适当的压力不仅是我们发挥潜能的刺激因素,更是让我们挑战自我的最佳助力。

适当的压力能够刺激人的身体和头脑,对人的行为产生一系列影响,使人感到精力充沛,并且保持较长一段时间。如果压力很好地保持在一定的可控水平,将激励人在较长时间里高质量地工作。

有一个名不见经传的年轻人,第一次参加马拉松比赛就获得了冠军,而且打破了世界纪录。当他冲过终点时,许多记者蜂拥而上:"你如何取得这样好的成绩?"

年轻人气喘吁吁地回答:"因为我身后有一只狼!"听他这么一说,所有人都惊恐地回头张望,但是并没有发现任何恐怖的野兽。

跟谁都合得来

这时,年轻人开始娓娓道来:"三年前,我在一座山林间训练长跑和耐力。每天凌晨,教练就叫我起床练习,即使我使出全身力气,也一直没有进步。"

年轻人停下脚步,坐在地上继续说:"有一天清晨,我在训练途中忽然听见身后传来狼的叫声,刚开始那声音还很遥远,可没过多久就已经在我的身后了。当时我吓得不敢回头,只知道逃命要紧,于是一直向前跑。"

"那天我的速度居然突破了!"年轻人喝了一口水,说:"教练当时对我说,原来不是你不行,而是你身后少了一只狼!我这才知道,原来根本没有狼,那是教练伪装出来的。"

年轻人接着说:"自从那次以后,只要进行训练时,我都会想象背后有一只狼正在追赶,包括今天比赛的时候,那只狼依然在追赶我!"

再懒惰的马,只要身上有马蝇叮咬,它也会精神抖擞,跑得飞快。而没有马蝇叮咬,马慢慢腾腾,走走停停。这就是"马蝇效应",来源于美国第16任总统亚伯拉罕·林肯的一段有趣经历。

1860年总统大选结束后不久,有一位叫巴恩的大银行家看见参议员萨尔蒙·查斯从林肯总统的办公室走出来,就对林肯说:"请不要将此人选入你的内阁。"林肯问:"你为什么这么说呢?"巴恩回答:"因为他自认为比你伟大得多。"林肯又问:"还有谁自认为比我伟大?""不知道了。"巴恩说,"不过,你为什么这样问?"林肯回答:"因为我要把他们全都请进我的内阁。"

事实证明,大银行家巴恩的话是有根据的,萨尔蒙·查斯的确是一个狂态十足的家伙。不过,萨尔蒙·查斯也确实是一个大能人,林肯十分器重他,任命他为财政部长。萨尔蒙·查斯狂热地追求最高领导权,他本想入主白宫,却被林肯捷足先登。不得已求其次,萨尔蒙·查斯想当国务卿,林肯却任命了西华德,他只好坐第三把交椅,因而怀恨在心,愤愤不平。

后来,《纽约时报》主编拜访林肯的时候,特地将萨尔蒙·查斯正在狂热地上蹿下跳的情况告诉了林肯,而林肯以特有的幽默神情说道:"你是在农村长大的吧?那你一定知道什么是马蝇了。有一次,我和我的兄弟在肯塔基老家的一个农场犁玉米地,我吆马,他扶犁。那匹马很懒,但有一段时间却在地里跑得飞快,连我这双长腿都差点儿跟不上。到了地头,我发现有一只很大的马蝇叮在那匹马身上,于是我就把马蝇打落了。我的兄弟问我为什么要打掉马蝇,我回答说我不忍心让那匹马被咬。我的兄弟说正是马蝇才使得那匹马跑起来的!"然后,林肯意味深长地说:"如果现在有一只叫'总统欲'的马蝇正叮着萨尔蒙·查斯先生,那么只要它能使萨尔蒙·查斯负责的部门不停地前进,我就不想去打落它。"

这个故事对于管理者如何用人很有启发。越是有能力的员工越不好管理,因为他们对利益、权力、金钱有很强的占有欲,如果不能满足他们,麻烦跟着就来了。要想让他们安心、卖力地工作,就一定要有能激励他们的东西,这种激励因素不就是那只"马蝇"吗?

国外一家森林公园曾经圈养了数百只梅花鹿,尽管环境幽静,水草丰美,又没有天敌祸患,但是几年以后,鹿群不但没有增多,反而病的病、死的死,竟然出现了负增长。后来工作人员买回几只狼放进森林公园里,在狼的追赶捕食下,鹿群只得紧张地奔跑逃命。这样一来,除了老弱病残的梅花鹿被狼捕食外,其他梅花鹿的体质日益增强,数量也迅速增长。

适度的压力能激发人的应急潜能,在生存状态遇到危险时拉响警报,从而使人体机能提高警惕并加强某方面的能力,使人的生存状态从警惕区转向安全区。企业的竞争对手就像是那只追赶梅花鹿的狼,能让梅花鹿时刻清楚感受到狼的位置和同伴的位置,跑在梅花鹿群前面的位置就可以得

跟谁都合得来

到更好的食物,跑在后面则可能成为狼的食物。

提起压力,人们总是想到消极的一面,与不安、犹豫、无措、慌乱和亚健康等联系在一起。压力并不是绝对消极的,适度的压力可以产生积极的作用,可以激发你的创造力,让你在工作和生活中更加出色。经常面对可控压力,能增强你的抗压能力,使你的大脑和身体保持最佳状态。科学研究证明:那些缺少良性压力的人更容易生病,甚至寿命比有良性压力者要短。

知足常乐,追求属于你的幸福

对于别人的失意、挫折和伤痛,我们应该进行换位思考,以一颗宽容的心去关心别人。

从前有一头猪、一只绵羊和一头奶牛,被放牧人关在同一个畜栏里。有一天,放牧人将猪从畜栏里抓了出去,猪大声号叫,强烈地反抗。绵羊和奶牛讨厌猪的号叫,抱怨道:"我们经常被放牧人抓出去,从没像你这样大呼小叫的。"猪听了回应道:"这完全是两回事,放牧人抓你们只是要羊毛和乳汁,抓我却是要我的命啊!"

所站立场不同、所处环境不同的人,很难了解别人的真实感受。因此,对于别人的失意、挫折和伤痛,我们应该进行换位思考,以一颗宽容的心去关心别人。你是你,我是我,你不是我,我不是你,你把我当成你,我把你当成我,这就是换位。

有一位农夫在田间劳动,感到非常辛苦,尤其是炎热的夏天,更是苦不堪言。他每天到田里劳动时都要经过一座庙,看到一个和尚经常坐在山门前一棵大树的树荫下,悠然地摇着芭蕉扇纳凉。他很羡慕这个和尚的舒适生活,便告诉妻子他想到庙里当和尚。妻子很聪明,没有强烈反对,只说:"出家当和尚是一件大事,平时我干家务活儿较多,明天开始我和你一起到田间劳动,一方面向你学些没有做过的农活,另一方面及早把眼下的重要农活做完,可以让你早些到庙里去。"

从此,夫妻二人早上同出,晚上同归。为不耽误时间,妻子中午提早回家做好饭菜送到地头,两人在庙前的树荫下一起吃饭。时间过得很快,田里的重要农活都干完了,妻子帮农夫把贴身穿的衣服洗涮干净,亲自送他到庙里,并说明了来意。庙里的和尚听了非常诧异,说:"你俩早同出、晚同归,中午饭菜送到地头一起吃,有说有笑,恩恩爱爱。我看到你们生活过得幸福美满,羡慕得我已经下定决心还俗了,你反倒要来当和尚?"

这个故事不仅表明农夫的妻子非常聪明,还有一个换位思考的道理在里面,站在对方的立场上全面考虑问题,往往比较客观公正,可以防止主观片面;对别人和现实的要求就不会那么苛求,容易知足常乐。

知足常乐,很多人都听说过这个道理,但未必有几人能悟透这个道理。足者,满足。能够感到满足是前提。怎么才满足呢?首先是降低需求,但许多人做不到。

从前,有一个贪婪的笨人,到朋友家里去做客,朋友留他在家吃饭。

笨人嫌菜没有味道,朋友就在菜里加一些盐,他吃起来感觉味道好多了。

笨人心想:"菜的味道是从盐里得来的,盐不多就已经很好吃了,要是多加些盐,味道一定格外好!"

于是,笨人就向朋友要来了盐盅,一张口倒进嘴里去了,不料咸得要

跟谁都合得来

命，急忙把盐从嘴里吐出来。

朋友告诉笨人："任何事情都要适可而止，包括享受与快乐，贪得多了就会成为负担，甚至是灾难。"

这个故事告诉我们，人就是因为有了无穷的贪欲，才有了无尽的烦恼。如果把每一天都当作生命的最后一天，把每一次获得都当作获取的终结，你就会时时开心，天天快乐！

学习阿Q，忘记痛苦是种美德

我们说忘记过去的痛苦，是要从痛苦中解脱出来，化悲痛为力量，不断调节情绪，活得更加轻松。

阿Q在中国是一个著名文学人物，通过鲁迅先生的生动刻画，人人都嘲笑他的麻木与他的精神胜利法。从心理学角度来说，有时候人还真需要一点儿阿Q精神，需要从阿Q的精神胜利法里面学一些东西，也就是精神疗法中的健忘，因为我们不能总活在过去。

痛苦是难免的，有很多事情都是导致痛苦的根源，例如朋友分离、亲人亡故、情场失恋、事业失败，等等。这些事情在我们生活中都可能遇到，而且有一些是必然会遇到的，遇到之后肯定会无比伤痛，没有心思再做别的事情。

如果长时间沉浸在痛苦中，以后的生活将不能正常进行，如何做其他事情呢？所以，我们要学会忘记过去的痛苦，毅然开始新的生活。当然，我们说忘记过去的痛苦，并不是说完全忘记过去那些人和事，而是要从痛苦中解脱出来，化悲痛为力量，不断调节情绪，活得更加轻松。

有一个女孩失恋了，被相恋多年的男朋友狠心抛弃了，她非常想不通，为什么会是这样的结果呢？女孩从此沉浸在她的痛苦里不能自拔，开始埋怨父母把她生得不漂亮，责怪朋友没有给她好的建议，父母因此伤心不已，朋友也渐渐疏远她了。女孩觉得身边所有人都在和她作对，没有人真正关心她的生活，她越来越郁闷，越来越痛苦。

有一天，女孩突然从镜子里面看到她的模样，当时就把她吓了一大跳，曾经活泼可爱的风采早已不存在了。以现在的形象走在大街上，有谁敢靠近她呢？女孩慢慢回想失恋后的所作所为，心里感到特别后悔。

女孩决定不再去想以前发生的事情，毕竟现在和将来才是最重要的。她开始从容貌上装扮自己，然后改变她对家人、对朋友、对工作的态度，再也不怨天尤人，脸上渐渐有了微笑，生活也慢慢步入正轨。

在和前男友进行了一次深入交谈之后，女孩认识到她自身存在的毛病，并下决心改掉它们。就像所有美好的故事一样，女孩后来找到了属于她的幸福。

不要一味陷进痛苦中去，沉湎于痛苦的你只会被痛苦吞噬，看不到光明的未来。痛苦的滋味大致相同，将来的幸福却不一样。就像我们国家曾经遭受侵略，如果我们每天哀悼被屠杀的同胞，那么我们将无法摆脱痛苦的情绪。只有化悲痛为力量，努力发展自己，不断提高自己，才能获得应有的尊重。大到国家，小到个人，都是同样的道理。

20世纪60年代中期，美国通用电气公司（GE）的一位年轻工程师独立负责一项新型塑料的研发工作，正当他踌躇满志地准备大干一场时，不幸的事情发生了：实验室的实验设备突然爆炸，3000多万美元的实验设备连同实验室瞬间化为灰烬。面对一片狼藉的爆炸现场，年轻的工程师万分

跟谁都合得来

沮丧，他忐忑不安地接受了总部派来调查事故的调查官的问话。没想到的是，这位调查官问的第一句话是："我们从中得到了什么没有？"年轻的工程师先是一惊，然后回答："我们这个科研实验行不通。"调查官员说："那就好，我们得到了需要的东西，实验室毁掉了没有什么可怕的，可怕的是我们什么也没有得到。"

一场惊天动地的"重大事故"就这样平息了，这位年轻工程师不再感到沮丧，不再去想爆炸的实验室，不再去想以前的失败，他开始研究新的方法，开辟新的领域，后来取得了很大的成就。这位年轻工程师日后带领美国通用电气公司实现了20年高速增长，他就是被誉为全球第一CEO的杰克·韦尔奇。

让杰克·韦尔奇获得继续进行研究的勇气，显而易见是他已经从痛苦中走出来，他没有任何心理上的负担，可以全身心地去做新的事情。能快速从各种痛苦中走出来的人大多数都是强者，他们能快速适应各种环境，能转化各种力量来增强自己的实力。

一般事情的变化及刺激不会使我们失魂落魄，而且大都能做出相应的调适反应，可是如果事情比较重大、变化比较突然，那么我们的适应期就要拖长。要让自己的心理素质增强，就要持续锻炼快速适应能力，把痛苦作为将来幸福的源泉。

第10章
八面玲珑，获得领导器重

领导是单位里的核心人物，你可能心里不喜欢，但不能不搞好关系。只知道埋头做具体工作，却不注意领导怎么看你，跟领导的关系处理不好，必将影响到你的工作情绪，甚至是你的发展前途，后果不堪设想。因此，在职场只知道努力工作是不够的，还要懂得如何与领导融洽相处，采取一定的策略与领导建立良好的人际关系，让领导喜欢你、器重你、提拔你，这样你在职场上才能游刃有余。

跟谁都合得来

 换位思考，从领导立场看问题

要想处理好与领导的关系并得到重用，就要时刻站在领导的立场上看问题。只有这样，你的想法才能与领导的想法不谋而合，你才能有光明的前景。

要想处理好与领导的关系，就需要把自己当成领导，站在领导的立场上看问题。在工作中，当你认真思考"如果我是领导会怎么看这个问题"的时候，你会对自己的工作态度、工作方式和工作成果提出更高的要求。只要你深入思考并积极行动，那么你很快就能得到领导的认可和重用。

人与人之间只有通过了解才能理解，只有通过欣赏才能体谅。工作中，当你觉得委屈、失望时，如果用换位思考的方式看问题，就会认为自己是所在单位的一分子，而不是领导手中一颗可有可无的棋子，这将为你在职场上赢得更加有利的发展空间。

在一次销售会议上，IBM公司（全球最大的信息技术和业务解决方案公司）创始人托马斯·沃森首先介绍了公司目前的销售情况，分析了公司当前面临的种种困难，然后让大家思考发展对策。会议气氛沉闷，只有托马斯·沃森一个人在说，其他人都显得心不在焉。

面对这种情况，托马斯·沃森沉默了片刻，突然在黑板上写下了一个大大的"Think"（思考），然后对在场的人说："我希望大家把自己当作公司的主人，想象自己如果是老板该怎么思考问题。别忘了，大家都是靠工作赚得薪水的，我们必须把公司的问题当成自己的问题来思考。"然后，他要求在场的人开动脑筋，每人提出一个建议。

这次会议取得了很大成功，大家提出了很多问题，并找到了解决问题的办法。从此，"像老板一样去思考"成了IBM公司员工的座右铭。

像老板一样去思考，就是站在领导的立场看问题。这样你才能以主人翁的心态想领导之所想，急领导之所急。这种员工最受领导喜欢，假如你真的能做到站在领导的立场思考问题，领导一定会对你青睐有加。

很多时候，领导与员工的想法很难达成一致，主要是因为员工总认为一个单位的发展是由领导决定的，于是有些员工总是说："我只不过是赚钱谋生，没有必要想太多，完成本职工作就行了。"一旦有了这种想法，就很难站在领导的立场上思考问题。

李星云是一个很有才华的年轻人，但他对工作总是漫不经心，还经常对别人说："这又不是我的公司，我没必要像老板一样去思考公司的战略规划和长远发展。如果我是老板，我一定会努力做得更好。"

一年以后，李星云离开公司，选择独立创业，开办了一家小公司。然而只过了半年，李星云的公司就开不下去了，因为他的员工从来不会站在他的角度去考虑问题、去努力工作，很快公司就难以维持。

显而易见，当你坚持认为自己不是领导，就不可能真正站在领导的立场看待问题。有时候，员工认为领导处理问题并不高明，甚至难以服众。

跟谁都合得来

其实，员工考虑到的领导早已想过，他们所做的决策都是经过深思熟虑的。特别是在发生意见分歧时，最好的解决办法就是站在领导的立场看待问题，学着像领导一样思考问题。

当你试着理解领导的难处，并体谅领导的难处时，你就能自然而然地了解领导的良苦用心。如果你有不满又不与领导商量，而是擅作主张修改方案，领导会认为你"说一套，做一套"，很不值得信任。

 不触隐私，在领导禁忌前止步

领导的隐私就像一颗地雷，如果你去触碰，一定会被炸伤。不去碰它，才是最明智的做法。

每个人都有隐私，领导也一样。领导的隐私是职场上的敏感话题，处理不当就会让你陷入困境。如果你知道了领导的隐私，你会怎么做呢？

由于职责与工作需要，领导和员工相处时间长了，通常会有较多的相互了解。有时候，领导出于对个别员工的信任，偶尔会向个别员工谈论一些私人话题，甚至把个人隐私也全盘托出，希望员工给自己出主意、想办法，帮助自己解决难题。这样，个别员工在掌握领导隐私的同时，也就负有为之保密的义务。然而，有些员工并不明白这个道理，即便是偶然听到领导的隐私，也会因为处理不当而使得自己的职场之路一波三折。

一天，赵静去老板办公室汇报工作，刚走到老板办公室门口，就听到老板正在大声打电话。老板平时打电话声音很小，但那次情绪激动，竟忘了控制音量。就在赵静伸手敲门的时候，只听见老板说："最近我手头很紧，没有周转资金,你必须给我准备20万元,否则我没钱给员工发工资……"

听到这里,赵静转身回到综合办公室,在她看来老板是一个很有人情味的人,平时对员工都很照顾。于是,她把老板资金紧张的事情告诉了大家,大家都同意要求老板缓发工资,替老板分忧。

10分钟过后,赵静走进老板办公室,看到老板一脸疲惫,目光没有神采,估计是没搞到钱。赵静开门见山地对老板说:"老板您别着急,我们都知道您暂时遇到了困难,所以都希望您缓发工资,等您渡过难关以后再说。"老板紧锁的眉头顿时舒展开来,激动地说:"感谢大家的理解,请替我转告大家,我一定不会耽搁太久的。"

当赵静准备汇报工作的时候,老板突然问:"你怎么知道我有困难的?"赵静没有直接回答是意外听到的,而是说:"这个您就别问了,反正我知道。"

不久以后,赵静被老板解雇了。

表面上看,赵静确实是为老板着想,但是她说出老板的隐私,却直接伤害了老板,甚至让老板感到不安。当一个员工让领导失去安全感的时候,就意味着该员工距离失去工作不远了。无独有偶,米雪也有赵静的遭遇,究其原因也是因为没有处理好领导的隐私。

米雪是一家民营企业的行政经理,有一天老板的电脑出了故障,又有急事需要尽快处理,她就在自己电脑上打开了老板的E-mail,不料却从中读到老板的婚变故事。米雪自作聪明,想让老板知道自己同情他,于是有意无意地向老板表示希望能为他做点什么,结果老板让她主动辞职,而且没有做任何解释。

记住,千万不要利用领导的隐私来跟领导套近乎,这样的做法很愚蠢。没有人希望别人知道自己的隐私,更不愿意自己的隐私被扩散,无论出于

跟谁都合得来

何种目的。对于领导的隐私,最好是不闻不问、不说不传、不理不睬,否则吃亏的一定是你自己。

不闻不问,即不去打听领导的隐私。你要清楚自己应该做什么、不应该做什么,做好本职工作才是最重要的。如果想猎奇领导的隐私,到处打听领导的秘密,一旦被领导发现,你绝对会遭殃。

不说不传,即使无意间知道了领导的隐私,也不要对任何人说。如果你把领导的隐私告诉别人,特别是身边的同事,说不准就会被别人利用。如果大肆传播领导的隐私,就更不应该了,因为没有人希望别人传播自己的隐私。

不理不睬,即用平常心看待领导的隐私,不要对领导的隐私有太多好奇心。如果你意外知道了领导的隐私,那么请你尽快忘掉一切,至少是从此闭口不谈这些隐私。当别人谈论领导隐私的时候,你最好表现出不理不睬的神态,这样做对你没坏处。

❀ 创造机会,尽可能地展现自己

如果你想与领导拉近距离,就必须和领导多接触,这就要求你学会利用和创造与领导不期而遇的机会,并且在领导面前尽可能地展现自己。

一个单位里人才济济、藏龙卧虎,怎样才能让高层领导看到你的才华和表现呢?直接把你的工作报告呈给他们显然不符合规矩,当着众人的面直接汇报工作又太张扬了,如果能够巧妙地创造一些不期而遇的机会,对于急于展现自己的人来说是最适合的办法。创造机会也要把握时机,这样才能不露痕迹。

高钊写了一份关于公司未来发展前景的报告,然后送呈本部门主管李经理,李经理认为写得很好。高钊趁机说:"其实我们每个人都有一些好建议,不如把老板请到咱们部门座谈一下,这样可以让老板知道咱们部门都在为公司着想!"李经理觉得很有道理,立即去邀请老板,老板自然欣然前来。

开会时,出于对高钊建议的肯定,李经理把高钊安排坐在老板旁边。高钊慷慨陈词,好好表现了一番,得到了老板的赞扬。

想让领导赞赏你,还要不露痕迹,确实有难度。像高钊这样做,不但领导喜欢,同事也拥护,还可以达到亲近领导的目的,简直一举三得。多与领导接触,是让领导了解你的意见和想法的好方法。那么,应该抓住哪些机会与领导接触,让领导在赏识器重你的同时,也让其他同事拍手叫好呢?其实这样的机会很多,就看你是否足够用心。比如,餐桌上就是一个很好的展现自我的机会,下面这个故事中的卫辉就是巧妙利用这样的机会拉近了与领导之间的距离。

刚刚大学毕业的卫辉和另外七八个年轻人被同一家急需用人的公司聘用,为了表示对这批新成员的厚望和欢迎,老板决定请他们到附近一家酒店聚餐。聚餐地点离公司不远,新员工三三两两结伴而行,却把老板抛在一边。进入酒店后,新员工或正襟危坐、谨口慎言,或低头相互私语窃笑,不仅没人跟老板搭话,还将老板旁边的两个位子空出来。老板极不自然的笑意被卫辉察觉到,他赶紧说:"我建议大家往一起靠拢吧!"说完,他很自然地坐到老板旁边,并对老板的赞许目光报以会心一笑。

卫辉的做法很聪明,再尖酸刻薄的人也没理由指责他是在"拍马屁"。老板就是为了和新员工亲近一下才宴请大家,但是腼腆木讷的新员工却幸

跟谁都合得来

负了老板的美意，把他抛在一边。卫辉主动争取机会与老板亲近，还把聚餐的气氛带动起来，使老板会对他刮目相看。

除了餐桌上，电梯里也是一个能够让你在领导面前展现自我的场合。如果你在电梯里与领导不期而遇，大可不必慌张，只要用平常心对待，并表示你的尊敬就够了，千万不要沉默不语，那样领导也会觉得尴尬。最好的办法是主动与领导搭话，制造轻松的气氛。

几天前，齐帅等电梯时突然遇见了老板，那时已过10点，他肯定是迟到了。老板首先发问："是不是去见客户了？"齐帅连忙就势回答："是的"。"去见哪位客户啦？"没想到老板谈性很浓，非要一问到底，齐帅灵机一动，说出了一个跟老板有点联系的客户名字。

随着电梯门的关闭，狭窄的空间显得很沉闷。齐帅突然想到刚才说过的那个客户，不久前刚刚兼并了一家网站，于是向老板提起此事，老板很吃惊："是吗？什么时候的事，我还真不知道。"为了拖延时间，齐帅反问："您不知道吗？这位客户今天一大早还跟我提到您呢。"这时电梯停下来了，齐帅按开电梯门，请老板先行，心里长舒了一口气。

每位领导都希望给下属留下和蔼可亲的印象，所以很希望下属与自己亲近相随，齐帅十分明白这一点，还向老板提供了新信息。如果见到领导就逃避或者不知所措，殊不知领导面对一个拘谨无措、憋得脸红脖子粗的下属，也会觉得尴尬！

多与领导接触，联络感情的机会就多，把握好每一次机会，都可以加深和领导的感情，增加领导对你的了解。当然，多管齐下更为有效，与领导的关系更容易拉近。

消除误解,以怨报怨后患无穷

被人误解是常有的事,但如果被领导误解,该怎么办呢?是据理力争,辨明是非,还是忍气吞声,只字不提?

由于受认知条件、信息误导等因素的影响,下属有时候会被领导误解。如果这种误解不能及时得到消除,不仅会给下属造成巨大的心理压力和精神负担,还会影响到下属的晋升,严重损害上下级关系。因此,面对领导的误解,控制好自己的情绪,坦然面对并及时消除误解,是下属获得成功的重要前提。

五年前,萧涵是一家国企基层车间的普通工人,后来宣传科长方杰发现萧涵文笔不错,便把他调入宣传科做干事。对于方科长的知遇之恩,萧涵时刻铭记在心。两年后,萧涵晋升为总经办汪主任的部下,才华横溢的萧涵得到了汪主任的赏识。

不久后,萧涵感觉到宣传科方科长与他渐渐疏远,并且听同事说方科长对他有成见,经过了解才知道汪主任与方科长有私人恩怨。所以,方科长总认为萧涵忘恩负义,倒向了汪主任那边。

方科长之所以误解萧涵,是因为在一个下雨天,萧涵给汪主任打伞,却把方科长冷落在一旁。事实上,萧涵当时之所以没给方科长打伞,是因为他没有发现不远处的方科长正淋着雨。方科长认为萧涵不懂感恩,误解至此产生。

方科长一气之下,在许多场合都说当年看错了人,说萧涵是一个忘恩

跟谁都合得来

负义的人,谁是他的领导,他就巴结谁。

萧涵认为方科长所言只是误解了他,所以他假装什么都不知道,让时间做出客观公正的评价。萧涵说:"路遥知马力,日久见人心。方科长是气头上批评我,我是不会介意的,我会用实际行动证明,我并不是方科长说的那样。"

应该说萧涵的做法是明智的,如果他立刻去找正在气头上的方科长解释原因,那无异于火上浇油。方科长只会认为萧涵心虚,所以才会来向他妥协,很可能会变本加厉地贬损萧涵。所以说,用忍耐、沉默和大度的心态面对误解,让时间证明事实真相,不失为化干戈为玉帛的上策。如果是一些原则性很强的事情被领导误解,比如说你明明工作很努力,领导却认为你工作不踏实,像这样有关前途的事情一定要尽快解释清楚。

小艾与一个同事素来不睦。一次为了一件很普通的客户投诉的事情,那位同事就向老板打了他的小报告。本来这件事很小很普通,小艾根本就没有想过要和老板汇报和解释。但是随着老板对他的态度日益冷漠,小艾渐渐意识到了什么。当他再想向老板解释这件事的时候,老板给他的回答冷淡而且生硬。终于,小艾意识到自己留在这家公司再也没有什么发展前途了,于是沮丧地离开了这儿。

从这个故事中能得出一条教训,事关自己前途的误会,哪怕再小的事情也有可能带来极为严重的后果,因此必须要向领导解释清楚。如果你被领导误解,有人对此发表言论,你应该尽量平静对待,这样可以防止事态扩大,有利于缓和矛盾。

另外,你应该在公开场合表示对领导的尊重。在单位与领导抬头不见低头见,即使你被误解也应该对领导表示应有的尊重,特别是公共场合更应如此。例如,即使领导爱理不理,你也要微笑着和对方打招呼。因为工作需要，和领导同在一桌招待客人，你可以主动向领导敬酒，还可以在大家面前赞美领导几句。此外，你还应该在背地里褒扬领导。当面赞美不如背地褒扬效果好，试着在背地里褒扬误解你的领导，通过同事的口传到领导耳中，一定会让领导大为感动，这样更有利于消除误解。当误解你的领导遇到紧急情况，你应当挺身而出，及时"救驾"。这可以让领导对你产生好感，觉得你是一个心胸宽广的人；也可以使领导心生愧疚，进而有利于消除误解。

当你所做的这些慢慢被领导接受，就应该寻找合适的机会解开误解疙瘩，比如可以利用合适的机会与领导进行交流，这样做的目的是为了让领导了解真相。这些策略极好地体现了你的真心、诚意、宽容，相信只要认真做好这些，一定能化解误解、缓和矛盾，使你们的关系走向正常化。从此，你可以不受误解的影响，全身心地投入工作。

被领导误解了，不要脸红脖子粗地和对方论理，也不要不做解释、听之任之，而应具体问题具体分析，积极地想办法消除误解，使彼此之间的关系得到改善。

学会表达，勇敢说出心中不满

领导不是完人，也会犯错误，甚至使你感到不满。当你真的对领导心怀不满时，说还是不说呢？

职场上常常会遇到这样的情况：领导让你干一件事，你马上应承下来，即使这件事本不该你做，或者超出了你的负荷。也许是慑于领导的压力，

跟谁都合得来

也许是出于其他的顾虑,你往往不会去拒绝。其实,在特定前提下,我们应该学会对领导说"不"。

孙玲是一家大型公司的财务经理,她在公司里总是横挑鼻子竖挑眼,毫不谦虚地自认为名牌大学出身的她比老板能力强,而且公司的进账出账、财务报表等都离不开她。每当孙玲向老板提出建议,老板都会找出各种论据证明她的建议不好,然后固执地坚持他的想法,但事实往往证明老板的想法是错的。有好的建议却得不到老板的认可,孙玲对此感到十分不满,她经常生闷气,情绪很不好,感到很压抑。

常言道"人无完人",作为下属应该正确看待领导的优缺点,充分肯定其优点,对其不足之处加以指正。如果害怕指出缺点,而一味忍受领导的错误做法,既不利于自身能力的提高,也会大大影响自己的工作心情。如果下属在说出对领导的不满时,没有顾及领导的权威,容易让领导下不了台,不但不利于化解矛盾,反而会影响你们的关系,对你没有任何好处。

一天,某公司总经理收到了一封非常无礼的信,这封信是一位与该公司交往很深的代理商写的。

看完信后,总经理怒气冲冲地把秘书叫到他的办公室,向秘书口述了这样一封回信:"我没有想到会收到你这样的来信,尽管我们之间存在一些业务往来。但我还是要按照惯例把这件事情公布出来。"

经理让秘书将信立即打印出来,然后马上寄出。机灵的秘书认为,把信寄走对本公司和总经理都非常不利。他觉得自己是总经理的助手,有责任提醒总经理,只要是为了公司的利益,哪怕是暂时得罪总经理也值得。于是,这位秘书等总经理的怒气慢慢消了,才对其言明利害关系,最后劝慰道:"这封信不能发,干脆撕了算了。何必生这样的闷气呢?"

结果,总经理听信了秘书的分析,打消了寄信的念头。

对领导动之以情、晓之以理，再固执的领导也会被感化，从而考虑我们提出的合理建议。当然，我们在提出建议时立场一定要正确，那就是要站在整个公司的立场上看待问题。

在职场上，并不是所有领导都能让下属心服口服，有的领导有动手能力，却缺乏科学规划；有的领导想的主意不好，还听不进下属的建议；有些领导固守老一套，下属想要革故鼎新，结果遭到百般阻挠。在这样的领导下面做事，你该怎么办？

首先，领导总有闪光的地方，要学会用欣赏的眼光看待领导，尽量客观地评价领导，这样才能避免因个别小事而对领导产生怨恨和不满。当领导的不可能一无是处，领导身上总有闪光的地方。如果你能这样想，就可以减少很多不必要的不满。

其次，一味忍受的做法是愚蠢的，明知领导做得不对或做得不好，却不敢说出更好的想法，对全局发展并没有好处。同时，一味怄气对你的情绪、心理有很大的副作用，应该找准时机礼貌地表露心中不满。

最后，如果你的能力确实在领导之上，有必要假装糊涂。有些领导觉得下属就应该比自己差一截，这样才会有成就感。因此，这样的领导喜欢能力不如自己的下属，而一旦发现下属能力高于自己，就会感到坐立不安，会给下属施加压力。因此，你不可过于锋芒毕露，以免引发领导的猜忌之心。

你不必总是愁眉苦脸，因为那会影响到别人，也可能会给别人可乘之机，他们会说闲话："那个领导实在不怎么样，连自己部门的人都不服气。"不但授人把柄，对整个团队也有坏影响。所以，你要学会装糊涂，适当地忽视领导的不足。

如果你的领导是一个思想开明、心胸宽广的人，你可以尝试着以玩笑

跟谁都合得来

的语气，直接说出自己的真实想法，这样领导不但不反感，反而可能会把你的直率坦荡记在心里。

当然，没有哪一种方法是通用的。处理对领导的不满，需要多种方法结合起来，多管齐下方能见实效。

无论对领导有什么不满，最重要的是能解决问题。我们要做到既能解决问题，又不影响与领导之间的关系。因此，对领导表达自己不满的时候，一定要再三考虑，斟酌而行。

未雨绸缪，重视领导身边红人

领导身边的红人就是那些与领导关系非常密切的人，这些人在领导的决策、用人及其他问题的看法上都会产生重要影响。所以，在与领导搞好关系时，不要怠慢领导身边的红人。

有些人认为，只要在单位里尽心尽力干出成绩，就能赢得领导的赏识和欢心，而把领导身边的心腹抛在脑后，认为这些人没必要重视，殊不知这样会多走不少弯路。为了早日获得加薪和晋升的机会，你必须和领导身边的红人搞好关系。三国时期的曹丕之所以能够顺利拿下世子的宝座，就是因为他深谙此道。

三国时期，魏王曹操的儿子曹丕和曹植相互争夺世子宝座。曹植自恃文才过人，曹操又是非常爱才之人，所以就不拘小节。曹丕自知没有曹植那么好的文才，平时对曹操身边的文臣武将格外尊敬，最终顺利地登上了世子宝座。

现在看来，曹植将父亲曹操的作用过于夸大，他认为父亲是说一不二的魏王，只要父亲看重他，就没必要在乎其他人。曹丕就比较聪明，调动了父亲方方面面的亲信为他说好话，终于达成了目的。

领导虽然有最终决定权，但在做决定之前通常会征询身边红人的意见和建议，所以领导的决策常常受到身边红人的影响。如果你与领导身边的红人建立了良好的人际关系，他们一定会在领导面前说你的好话，这样你就能获得很好的发展机会。

陆柯伦刚满24岁，就已经是某集团公司重要部门的主管，未来很有发展前景。该公司的大老板对陆柯伦十分欣赏，但是陆柯伦并不愿太接近大老板，反而和大老板的得力助手——分管人事的贾副总格外亲近。逢年过节，陆柯伦都会登门造访，送上特色礼物，以表心意。

关系特别好的朋友都觉得很奇怪，陆柯伦解释说："大老板是正人君子，用不着和他拉关系，只要你把工作认真做好，他就会很满意。贾副总虽然没有多少真才实学，但是在为人处世上很有心机，一旦他对你感到不满，或者在大老板面前说你坏话，你就得吃不了兜着走。我接近贾副总，就是希望他不要在背后妨害我，至于他帮不帮我那是次要的。"

当然，陆柯伦与分管人事的贾副总走得很近，贾副总关照陆柯伦也在情理之中，两人处得还算不错。

尽管领导身边的红人没有决策权，但他们知道的关键信息很多，对领导制定决策有很大的影响力。与领导身边的红人搞好关系，不但可以防止这些人为你制造麻烦，也能达到让他们在领导面前举荐你的目的。

人际关系非常复杂，当大家都试图与领导亲近，在领导面前积极表现的时候，如果你能认识到领导身边红人的价值，并且与这些红人搞好关系，你将获得更多通向成功的机会。试想一下，关注领导的人比比皆是，领导

跟谁都合得来

自然很难记住每个人，也就难以让领导更好地了解你。纵然领导打算重用你，只要领导身边的红人给你设置障碍，你在单位里的发展前景就一片黯淡，所以不怠慢领导身边的红人是你得到领导青睐、事业更上一层楼的重要保障。

 提出建议，让领导自己来做主

与领导发生意见分歧最难办，简单的解决办法是，你只管提出建议，让领导自己得出结论。

如果你坚持认为自己的意见是正确的，为了避免在工作上造成损失，应当积极主动跟领导解释。解释时除了耐心、细心以外，还要注意方式方法。如果不注意方式方法，就会有不尊重领导之嫌。

"献其可，替其否"，这是《左传》中的一句话，建议用可行的去代替不该做的。这时候，你要抓住领导意见中被你认同的地方，首先表示肯定和赞赏，然后对不认同的地方逐一进行分析，你的建议往往可以被接受。因为你在一开始肯定了领导的正确意见，就已经打开了进入领导脑中意见库的大门。

提出建议时，不要直接点破领导的错误所在，或者越俎代庖地替领导做出你所谓的正确决策，而是要用引导、试探、征询的方式，向领导讲明其决策、意见本身与实际情况不相符，使其在参考你所提出建议的基础上，自然而然地做出你认为正确的决策。

美国第28任总统伍德罗·威尔逊的顾问班子里唯有霍士最受信任，

他屡屡建言献策都被采纳，后来还当上了副总统。霍士自述说："我认识威尔逊总统之后，发现了一个让他接受我的建议的最好办法，我先把计划偶然地透露给他，使他自己产生兴趣。这种方法是在一次偶然的机会中发现的。"

霍士不但使威尔逊总统自信很多思想是自己提出的，他还牺牲了自己许多伟大的计划，让给威尔逊总统来获得民众的拥戴。那么，霍士是怎样把计划"移植"到威尔逊总统心中的呢？他常常走进威尔逊的办公室，以一种请教的口吻提出建议："总统先生，不知道这个想法是否……您不觉得这样做不妥吗……我们是不是这样……"就这样，霍士把他的思想不露痕迹地灌输进了威尔逊总统的大脑，使他从自己的角度考虑一些计划，加以完善并付诸实施。

美国著名人际关系学家戴尔·卡耐基曾经说过："如果你仅仅提出建议，而让别人自己去得出结论，让他觉得这个想法是他自己的，这样不更聪明吗？"实践表明，人们对于自己得出的观点，往往比别人强加给他的观点更加坚信不疑。作为一个聪明的下属，要想使你的看法变成领导的想法，许多时候应当做好引导工作，提出建议、提供资料，其中所蕴涵着的结论，最好留给领导自己去发掘。

1939年10月11日，美国白宫进行了一次具有历史意义的交谈。美国历史上唯一蝉联四届总统的富兰克林·德拉诺·罗斯福的私人顾问萨克斯受爱因斯坦等科学家的委托，想要说服罗斯福总统重视原子能研究，抢在纳粹德国之前制造原子弹。

萨克斯先向罗斯福总统递交了爱因斯坦的长信，接着谈到了科学家们关于核裂变发现的备忘录，可是罗斯福总统的反应十分冷淡，他说："这些都很有趣，可是美国政府若在现阶段干预此事，看来还为时过早。"萨

跟谁都合得来

克斯心灰意冷地向罗斯福总统辞别，罗斯福总统为了表示歉意，邀请他第二天共进早餐。

第二天早上七点钟，萨克斯与罗斯福总统共进早餐，罗斯福总统说："今天不许再谈爱因斯坦的信，一句也不许谈，明白吗？""我想讲一点历史，"萨克斯看了罗斯福总统一眼，继续说道，"19世纪初，在欧洲大陆上不可一世的拿破仑却在海上屡战屡败，年轻的美国发明家富尔顿来到这位法国皇帝面前，建议把法国战舰的桅杆砍断，撤去风帆，装上蒸汽机，把木板换成钢板。拿破仑认为，船没有帆就不能航行，木板换成钢板后船就会沉没，于是将富尔顿轰走了。历史学家们在评论这段历史时认为，如果当时拿破仑采纳了富尔顿的建议，19世纪的历史就得重写。"萨克斯说完后，目光深沉地注视着罗斯福总统。

罗斯福总统沉思了几分钟，然后取出一瓶拿破仑时代的法国白兰地，斟满了酒杯递给萨克斯，说道："你胜利了！"萨克斯热泪盈眶地说："您的这句话揭开了美国制造原子弹历史新的一页。"

本来罗斯福总统是坚决不考虑研制原子弹的，由于萨克斯采取了比较好的方式方法，他居然改变了主意，同意了萨克斯的建议。除了提出建议的技巧之外，给领导多提供一些选择余地，也会使领导感到非常满意。

领导才是最终决策者，无论你的可行性分析和事前计划有多么完善，也不能强迫领导全盘接受。毕竟，领导要统管全局，需要考虑和协调的事情你并不完全明白，你应该在阐述完自己的建议之后礼貌地告辞，给领导一段思考和决策的时间。即使领导没有采纳你的建议，你也应该感谢领导在百忙之中倾听你的建议，同时让领导感觉到你的工作积极性和主动性。

韬光养晦，把风头让给领导出

下属一定要懂得把风头让给领导，让聚光灯照在领导身上，这是在职场上立于不败之地的不二法门。

在人际交往中，有时败在不积极表现自己，有时败在过分表现自己，聪明人永远不会抢领导风头，让领导失去光彩。社会实践告诉我们，作为一名下属，既要适当表现自己，又不能功高盖主，才能获得升迁机会。这就需要你在对待领导时谦恭有礼、进退自如，甚至在领导需要帮助的时候，能够及时挺身相救。总之，在与领导打交道的时候，要牢记"退一步海阔天空，进一步逼虎伤人"的道理，切不可抢了领导的风头。

低调的人不会独享荣耀，即便下属的成绩再大，也是在领导的带领下取得的。如果取得了一些成绩就大肆宣扬，会让周围人显得暗淡无光，让领导和同事都没有安全感，而一个低调的人却能让大家吃下一颗定心丸。

张一鸣从某名牌大学毕业后，到一家大型报业集团当记者，刚出道时锋芒毕露、才华尽显，让编辑部赵主任岌岌自危。赵主任一是怕这样的新人抢自己的饭碗，二是担心其他同僚会轻视他。

张一鸣很快察觉到了编辑部赵主任的心思，有时遇到大新闻和独家材料都归功于赵主任。赵主任自然喜出望外，夸赞他聪明能干、极具潜质，是一个难得的人才。

不久，编辑部副主任请辞，张一鸣在赵主任的推荐下走马上任，这无疑是平步青云第一步，旁人都认为他既能干，人缘又好，必定前程似锦。

跟谁都合得来

人往往容易被成功冲昏头脑,在领导面前班门弄斧,漠视领导的存在和价值。切记,领导是你走向成功之路的脚踏石,不能随便踢开,否则后悔莫及。

有人问魏明帝时的楚郡太守袁安:"已故少府杨阜,难道不是忠臣吗?"袁安回答说:"像杨阜这样的臣子只能称为'直士',算不上忠臣。作为臣子,如果发现君王的行为有不合规矩的地方,就当着众人的面指出君王的错误,使君王的过失传扬天下,只不过给自己捞个耿直之士的名声,这绝不是忠臣应有的做法。已故司空陈群就不是这样,他的学问和人品都很好,他和中央机构的高级官员们在一起时从来不讲君王的错误,只是几十次地送奏折,指出君王有哪些事情做错了,哪些缺点必须改,有批评也有建议,而别人都不知道他写过奏折。陈群提出意见从不自我标榜,所以后世人都尊敬他是一位德高望重的长者,这才是真正的忠臣。"

生前哪怕是忠心耿耿,死后想捞个忠臣的名声都很难,如果不懂得"把风头让给领导出"的道理,搞不好连性命都搭上了。

公元前478年,斯巴达派年轻贵族卡阿尼斯率领远征军讨伐波斯。卡阿尼斯与同伴浴血奋战,很快就夺回了波斯占领的地方,胜利而归的卡阿尼斯等人受到了雅典人民的热烈欢迎。在庆功宴会上,卡阿尼斯独揽风光,接受了斯巴达给予的最高荣耀和赞赏,把其他贵族冷落在一旁。极其嫉妒卡阿尼斯,并对其极为不满的贵族们经过密谋,商量出了一个对策。不久就有传言四散,说卡阿尼斯与波斯相互勾结,企图摧毁斯巴达。当局立即下令拘捕卡阿尼斯,他不得不仓皇出逃,这位昔日的英雄最终被愤怒的人们烧死在荒野外的一个茅屋中。

独享荣耀是激起他人心中不满并心生怨恨的最主要原因。大家都为一个共同目标而努力奋斗,不料让你抢先得到了惹人眼红的功劳,相比之下其他人明显比你逊色了很多，你的存在给他人造成了潜在威胁，尽管你并未做出任何损害他人的事，但又有谁愿意跟一个不能带来安全感的人在一起呢？

　　低调的人在取得成功时一定会记得感谢那些曾经帮助过自己的人，尤其是要感谢领导的大力支持，感谢领导对自己的提拔和栽培。这绝对不是谄媚逢迎，而是消除别人嫉妒心的好方法。你的主动感谢会让领导反过来感谢你对他的尊重和在意，从而拉近你与领导之间的距离。口头上的感谢也是一种分享，这种分享可以无穷地扩大范围，你的主动分享能让别人有受尊重的感受。如果你的荣耀是由众人协力完成的，那么你就更不应该忘记这一点。

第 11 章
运筹帷幄，让下属争创一流

很多领导喜欢端着架子，以显示自己的权威，这样做往往会疏远下属，使得下属不敢轻易接近，给工作上的沟通和交流造成了障碍。下属虽然在职能和地位上低于领导，但下属与领导有着平等的人格尊严。作为一位领导，要想在下属面前树立起领导形象和良好声誉，得到下属的服从和爱戴，就必须掌握下属的心理，了解下属的需求。只有这样做了，下属才会服从安排、配合工作，积极出谋划策，为组织贡献力量。

跟谁都合得来

 敢作敢当，能与下属同舟共济

一位合格的领导必须以身作则、敢作敢当，勇于承担自己应该承担的责任，与下属同舟共济、荣辱与共。

作为一位领导，要有强烈的责任意识，要敢于承担责任，这样才能为下属树立榜样，发挥榜样的作用。很多领导热衷讲责任意识，但是真正需要承担责任的时候就会寻找替罪羊，这样的领导是不得人心的，是遭人唾弃的。要想让下属心服口服，就必须拿出点与下属荣辱与共、同舟共济的架势，在应该承担的责任面前毫不退缩。在承担责任的态度上是本着改正错误、做到更好的想法，而不是我错了就错了，没人敢把我怎么样的想法。

小胡是刚刚入职的一名新人，在工作中遇到了一些难题，有些是需要向上级领导汇报之后才能做的。于是，小胡就去找直属领导，可这位领导对于棘手问题的态度是模棱两可、模糊不清，这让小胡很为难。后来，这位领导居然在一件很重要的事情上推卸责任，这让小胡忍无可忍，愤然提出辞职。

事情发展到与领导正面起冲突的程度，这是谁都不愿意看到的。领导的作用就是指挥、带领、引导和鼓励下属为实现目标而努力奋斗，就是在下属遇到问题时能给出一个明确的答复，能指出一个行动的方向，让下属朝着这个方向寻找解决问题的办法。小胡的直属领导在面对棘手问题时，不但没有给小胡提供有效的指导，而且用模棱两可、模糊不清的态度来敷衍，在领导应当承担责任时，不主动承担而是推卸责任，这怎能不激起下属的愤怒？

领导是组织的核心，勇于承担责任的领导是好领导，能够与下属同舟共济、共同奋斗，这样的领导带出的团队是斗志昂扬、百战不殆的。不承担责任的领导不是好领导，带出来的是松散无效率的团队。领导就像海港导航的灯塔，一举一动、所作所为都会深深地刻在下属心里，成为下属模仿的对象。对领导不承担责任行为的效仿，使得整个团队人人相互推卸责任，变得自私自利。没有团队精神的下属，是不能昂首阔步向前进的。

某集团公司组织了一次歌咏比赛，集团总部和各子公司都要参加。张永成负责组织集团总部代表队，为求效果良好，决定统一服装。工会副主席和张永成商量以后，按照惯例采购了服装，参赛人员每人一套。集团领导层为了鼓舞人心，也报名参加了歌咏比赛。

在正式彩排时，董事长看到队员们都有统一服装，就问是谁决定这么做的。张永成不明白董事长为什么突然问这个问题，所以没有站出来说明情况，工会副主席也没吭声。结果董事长将这两个人叫到办公室痛批了一顿。原来上级领导多次在该集团办公会上强调一个观点，要按照市场经济规律办事，不要搞非激励性的机制。以搞活动为名超标发服装是一种非激励性的福利，作为国企要打破这种旧有模式，而对这两个人的批评不是因为由谁做出这个决策，而是批评他们作为领导干部居然没有承担责任的意

跟谁都合得来

识和勇气。

从这个例子中我们不难看出,这位董事长很重视企业发展的方针路线,更重视领导干部承担责任的意识和勇气。作为领导干部,勇于承担责任是非常重要的品质。有勇气承担责任能使领导更具风范和魅力,而且这类领导往往能力很强,能担任较为重要的角色,出色地完成各项事关组织命运的重大任务。

与下属荣辱与共的领导能赢得下属的尊重和信任。一位勇于承担责任的领导,在人们心目中的形象是充满正能量的,下属往往会更加忠诚,工作上以领导为榜样。领导的良好作风能营造一个让人信心满满、充满希望的大环境,这对一个组织的发展具有非凡的意义。

以身作则,强将手下绝无弱兵

领导是一个团队的核心,如果把整个团队当成是一个人,那么领导就是大脑,下属就是四肢,四肢只有在大脑发出正确信号的情况下,才能做出各种完美的动作。

一支部队在遭遇惨败后更换将领,结果无坚不摧、所向披靡;一支球队在输掉很多场比赛后更换主教练,结果屡克强队、连战连捷;一个团队在错失良机、举步维艰后更换领导,结果一往无前、成就辉煌。这些都说明了一个道理:强将麾下无弱兵,只有无能的将军,没有无用的士兵。

美国南北战争初期,北军屡战屡败,士气低下,即将陷入绝望,是格兰特将军让人们看到了希望。1863年,格兰特将军控制了整个密西西比河流域，将南方分割成东西两个部分，战略格局从此改变。后来，格兰特将军和南军李将军率部交锋，经过一番空前激烈的血战后，南军一败涂地、溃不成军，李将军被俘虏到爱浦麦特城受审，签订了降约。格兰特将军立了大功以后，很谦恭地说："李将军是一位值得我们敬佩的人物。他虽然战败被擒，仍旧镇定自若。他被俘时穿着全新的、完整的军服，腰间佩着政府奖励他的名贵宝剑，而我只穿了一套普通士兵的军服，只是比士兵多了一条代表中将军衔的条纹罢了。"

南北战争初期北军屡战屡败，同样的军队由格兰特将军带领后却所向无敌，这足以说明将领的重要性。格兰特将军的军事能力很强，为人处世却非常谦虚，这都是一个将领非凡能力的体现，也是能打动士兵的地方。正是由于格兰特将军的个人魅力，使得士兵们忠诚地追随他。格兰特将军没有辜负士兵们的期望，带给他们一个接一个的胜利，在激昂士气的鼓舞下，北军获得了最终胜利。

领导是一个团队的领袖，行使组织赋予的权力来对团队进行整合，为团队的行动制定计划。如果领导的能力不足，那么整个团队就很可能会陷入困境；如果领导的能力很强，那么这个团队一定是一个有序有力的强大团队。领导的品格、才能、知识、情感等因素都能成为团队成败的关键，只要懂得运用、善于运用，就会产生良好的效果，取得辉煌的成绩。

神木一郎是一家日本公司的员工，他工作非常努力，与同事们的关系也非常融洽。按常理来说，他离成功的距离应该很近了，结果是他们部门连续出现亏损，部门经理也因为挪用公款被查处。神木一郎凭借出色表现接替了前部门经理的职位，整个部门在他的带领下团结一心，不但实现扭亏为盈，而且盈利连年翻倍。后来，神木一郎再次升迁。

同样的员工，领导一换，面貌全变。神木一郎不但使部门扭亏为盈，

跟谁都合得来

而且盈利连年翻倍，他的领导能力可谓技高一筹。由此可见，领导的素质往往可以决定一个团队的命运。

作为领导，必须从思想素质、道德素质、文化素质、业务素质和心理素质等方面加强修养。首先，领导必须清楚自己的任务重点是什么，要有为了团队自我牺牲的精神。其次，领导在文化素质上一般要超过普通员工，因为这是体现一个领导卓越素质的必要组成部分。再次，领导在业务素质和心理素质上一定要过硬，这样才能为下属做出表率，下属不会佩服一个对业务一窍不通的领导。在团队成员出现慌乱的时候，领导要用临危不乱的风范，让下属吃下"定心丸"，做好手头的事。领导的管理能力要强，没有管理的团队会乱成一团，高超的管理技巧可以使团队运转有条不紊，化腐朽为神奇。

领导要通过实践不断锻炼领导能力，因为一个团队的竞争力、应变力、创造力等都是和领导能力直接挂钩的。如果领导表现非常出色，团队表现一定不会逊色，所以领导要加快前进的步伐，打造强有力的团队才是王道。

不吝肯定，用信任支持到下属

当一个下属得到了领导的信任，就会加倍努力工作，不但忠诚度高，而且能为组织做出贡献，推动组织快速发展。所以领导要信任下属，信任是对下属最有力的支持。

在领导与下属之间，信任的作用不容忽视。信任就像一颗沁人心脾的定心丸，让人能放开手脚，大干一场；就像宽阔结实的手臂，可以给人最有力的支持；就像一块精致的奖牌，给人以无声却有力的肯定，鼓励人们继续努力奋斗。当下属得不到领导的信任时，他的心就像断了线的风筝一样飘忽不定，会变的工作没有计划，缺乏快速前进动力，看不到光明的希望，逐渐出现两个极端：要么因为落寞变得堕落，最终一事无成；要么对同事充满仇恨，成为组织中的不稳定因素。

陈志良是一家公司的主管，工作非常努力，每项任务都完成得近乎完美，这让同事们非常佩服。陈志良为公司做出的贡献十分突出，但是有一个问题一直困扰着他，那就是老板总是不信任他。在公司有重要任务时，老板总是绕过陈志良而直接安排给别人。在了解公司情况时，老板总是找一些他信任的人，很少和陈志良交流。老板的这些举动让陈志良十分苦恼，渐渐对工作失去了激情，消极回避，最后无奈之下选择了跳槽。

陈志良因为得不到老板的信任，心灰意冷地选择了跳槽，他的离开是这家公司的损失。如果陈志良能得到老板的信任，结果一定是截然相反的。个人努力、团队发展、皆大欢喜，这是每一个人都愿意看到的，用信任支持下属往往能事半功倍。

下属是需要信任和鼓励的，当其取得一定成绩时，发现并没有引起领导的注意或者重视，也没有得到领导的认可，相反感受到了领导的不信任，那么心情一定是低落的，是倍感受挫的。长此以往，一个人的信心就会逐渐被消磨，工作激情就会逐渐消退，最终郁郁不得志，变得碌碌无为。

在很久以前的一个部落，有一个古老的传统，青年男子想要结婚，先要学会捉牛的技术。捉到足够的牛，作为聘礼送给女方，才可以成家立室。这个部落酋长有两个女儿，最少的聘礼是一头牛，最高是九头牛。有一天，一位青年男子走到酋长面前，说爱上了他的大女儿，愿意以九头牛作为聘礼迎娶她。酋长听了之后，大吃一惊，急忙说："九头牛太多了，大女儿

跟谁都合得来

不值,不如改娶小女儿吧,小女儿值九头牛。"可是这位青年男子坚持要娶酋长的大女儿,酋长最终答应了他,这件事轰动了整个部落。一年后的一天,酋长经过这位青年的家,看见他家正在举行晚会,一大群人围成圆圈,欣赏一位美丽的女郎载歌载舞。酋长十分奇怪,就问这个女郎是什么人,青年回答道:"她就是酋长您的大女儿啊!"

酋长的大女儿之所以会有脱胎换骨的表现,以至于酋长本人都认不出来了,是因为她得到了丈夫的信任和肯定。那个当初用九头牛迎娶酋长大女儿的青年男子,坚信酋长的大女儿够得上九头牛的价值,这一举动使得酋长的大女儿信心大增,通过不懈的努力展现了完美的自己,就像破茧而出的蝴蝶,让人赞叹不已。

在职场上,领导充分信任下属,对下属和领导都有好处。下属会因为领导的信任而更加忠诚,对领导的指令完全执行。另外,下属会非常自信,非常具有责任感,工作中也会充满激情。下属的积极行为会感染身边的人,会把整个团队的工作氛围调动起来,大家齐心合力共同进步,想不蒸蒸日上都难。所以,领导不要随便猜疑下属,不要怀疑下属的能力,更不要捕风捉影,以避免出现人心惶惶、人人自危的混乱局面;要用信任对下属进行有力支持,让其大胆放手去干,充分发挥其主动性和创造性,才能赢得下属的忠心,换来团队的团结,带来组织的快速发展。

给予压力,适时制造竞争关系

适时地制造竞争关系,才能激起下属的工作激情,让所有员工充满斗志。

人在过于安逸的环境下会放任自流，时间久了就会不思进取。例如，同事之间的关系非常融洽，彼此之间心意相通，遇到矛盾时总是自己先承认错误，获得荣誉时都表现得非常谦虚，遇到功劳也不会去争抢，看起来非常和谐。但是长此以往，你会发现大家的进取心被一点点磨灭，因为大家意识到彼此之间不存在竞争，你争我抢搞得关系紧张没有必要，从而安于现状。这种无事一身轻的心态会逐渐转变为一种懒惰心态，使每个人的工作效率降低，不利于组织的长远发展。所以，不能让你的下属过于"团结"，要适当地制造竞争关系，让和谐的关系更紧凑，更富有弹性。

莫先生大学毕业后进入某大型国有企业工作了很多年，工作和专业很对口。刚参加工作时，莫先生干劲十足，后来他发现同事间没有利益冲突，干工作并不需要那么努力。单位里人多事少，同事间的关系又非常好，所以莫先生工作时间经常和同事聊天。就这样，莫先生轻轻松松过了十几年，直到后来企业破产了，他面对失业问题时才意识到自己的饭碗没了。再看看过去的同学，不是大公司的中高层管理人员，就是自主创业的成功人士，莫先生简直没有脸面再见他们了。

当初莫先生的工作很舒适，同事之间没有竞争，人人都很安逸，结果企业破产了，他也因此而失业。所以，领导不但要协调好员工之间的关系，还要注意制造一些竞争关系，这样大家才有干劲，才能为组织创造效益。和谐氛围固然重要，生存和发展更加重要。

长期处在一个到处是熟悉的人和熟悉的事务的环境中，会让人们关注的内容越来越有限。由同事之间过于"团结"带来的舒适和安逸是工作效率的大敌，没有压力的工作不会让一个人的能力继续提升。所以，领导一定要学会使用竞争来刺激下属，让下属感受到压力。只有这样，下属才会

跟谁都合得来

有目标,才会有动力。

潘莉参加工作一年了,她毕业于名牌大学的热门专业,所以就业很容易,几乎没有什么曲折就进了一家央企。潘莉的工作地点在一座小城市,和当地人几乎没有什么接触,因为单位有独立的小区,有专门的商店、体育娱乐设施以及上下班的通勤班车。公寓免费,文化设施齐全,经常组织旅游和休假,人文关怀很不错。另外,在这家企业工作的人工资都很高,各方面的福利也很好,所以同事之间的关系非常融洽,没事就三五成群在一起聚餐、打牌、闲聊。如此舒适的工作和生活是让人羡慕的,但是潘莉却发现自己的价值在缩水,经常感到这个舒适的工作环境让她的能力无处发挥。逐渐地,潘莉变得消沉起来,整天有气无力,无精打采。后来,潘莉跳槽到一家民营公司,虽然挣得工资没有以前多,但是激烈的竞争环境让她干得非常起劲,而且取得了不错的成绩。

潘莉在舒适的工作环境中迷失了自我,跳槽以后在激烈的竞争中唤醒了沉睡的潜能,真正实现了自身的价值。由此可见,同事之间的良好关系会让人不思上进,作为领导不能让下属感觉不到压力,尤其是年轻下属的能力会随着舒适时间的延长而消退,最终变成一个平庸的人。而在压力和竞争的刺激下,人们会不断提升自己,不但使工作效率提高了,工作质量也有了保障,自我价值也得到了实现,组织的发展也会随之加快。

不要让下属太"团结",因为这样做虽然能使人际关系变得和谐,但后果是下属逐渐丧失竞争意识和竞争能力。另外,制造竞争关系能使下属之间出现利益差别,下属会为了争取更多利益而加倍努力,从而使工作进行的更加顺利。所以,不要让下属沉湎于没有竞争的和谐之中,要适当制造竞争关系,推动组织又好又快发展。

树立威信，控制上下间的距离

领导与下属之间保持距离，可以抬高领导的身份，保持领导的威信，但是距离要适宜，太近了肯定不好，太远了又起不到效果。

作为领导，既不能疏远下属，也不能没有威信，这就需要控制好"临界距离"。当领导与下属打成一片时，大家会觉得领导很有人情味，是一个平易近人的人。但是，与下属没有距离的领导会让下属产生许多侥幸心理，工作上就会出现不积极的情况，对于领导的一些要求会置若罔闻，领导的作用就会被削弱，秩序上也会出现混乱。领导不能没有威信，领导的过程既需要职务权力，也需要个人威信，所以只有维护好领导威信，才能发挥好领导作用。领导的威信需要通过职权的作用和个人的影响力来建立，这个过程离不开与下属保持适当的距离。

唐小姐和她的领导张女士非常合得来，不仅在工作上珠联璧合，就是爱好也惊人地相似。比如，她们喜欢用同一品牌的化妆品，喜欢看某著名导演的电影等，因此两个人在一起的时间也就多一些。

有一次，两人不约而同地穿了一件不同款式却绝对风情万种的春衫，她们在更衣室相遇，嬉笑着说彼此都是妖精，于是唐小姐私下里就称张女士"老妖精"，张女士也笑着回一句"小妖精"。办公室本是多事之地，她们的亲密关系自然招致了别人的非议。张女士想慢慢疏远唐小姐，可是唐小姐却没有意识到这一点。

一天，张女士在自己的办公室里接待一位客户，唐小姐敲门后进来，

跟谁都合得来

以为没有别人就冲着她说:"嗨,老妖精,今天晚上去看电影怎么样?我买了两张票。"张女士的脸色立刻变得很难看,只说了一句:"你风风火火的像什么样子?这里是办公室。"唐小姐这才发现在那张宽大的黑色沙发里坐着一个人。不久,唐小姐被调到市场部做统计,离开了她十分喜欢的人事工作。

张女士与下属唐小姐趣味相投,所以两个人在一起的时间就比较长,相互之间的距离自然而然被拉近了。两个距离很近的人说话非常随意,唐小姐就是因为一句随意的话让领导在客户面前颜面尽失,也导致自己的工作受到影响。如果张女士平时就注意与下属保持适当的距离,那么唐小姐就会有所收敛,在进门的那一刻不会很随意,也就不会出现尴尬的局面。所以,作为领导一定要注意控制与下属间的"临界距离",不要让下属产生领导是其保护伞的想法,因为这样往往会带来不必要的麻烦和负面影响,于人于己都没有好处。

森林之王老虎每天处理着森林王国大大小小的事务,在它经过的每一个地方,王国中的动物成员们都对它毕恭毕敬,有的动物甚至看到它就远远地让开了路。每天晚上,老虎独自回到住所,听着外面各种动物在月光下载歌载舞,它经常偷偷地落泪。它多么想与其他动物们一样,能够在月光下跳舞、狂欢。

在一个月圆之夜,老虎走出家门向森林中的一片空地走去,那里正在举办一个盛大的舞会,庆祝小羊安莉的生日。大家跳着、唱着、笑着,每一个动物的脸上都带着开心的笑容。鼓手小马首先发现了老虎的到来,鼓声戛然而止,所有的音乐都跟着停下来。所有的动物都呆呆地看着老虎,有些胆小的动物偷偷地躲到了大树后面。老虎很想加入到狂欢的队伍中,走到大家面前却开不了口,停顿了好一会儿才说:"你们玩吧,我出来散散步。"说完慢慢转身向住所走去。回到住所以后,外面狂欢的声音再次传来,老虎非常困惑自己为什么不能像其他动物一样,享受与朋友相处的快乐。

第二天,老虎漫无目的地走着,在一条清澈的小河边,一头老牛正在喝水。老牛看到老虎走过来,一点儿也不惊慌,仍旧悠闲地喝着水。老虎决定把它心中的烦恼跟老牛说一说,老牛听完以后憨厚地笑着说:"你和大家太远了!"

从森林国王老虎的遭遇不难看出,领导通过与下属保持距离来树立威信是可行的,但是距离太远的话,威信就变成威慑了。下属见到领导会感到紧张甚至想转身逃走,或者当面说一套、背后做一套,非常不利于工作开展。所以,领导一定要控制好上下级之间的距离,不能太近也不要太远,通过"临界距离"树立领导威信。

善用奖惩,激励下属努力奋进

领导者赏罚分明,该鼓励的要大张旗鼓给予奖赏,该惩罚的也不要患得患失、犹豫不决。

领导对下属取得的成绩给予肯定和奖励,得到鼓励的下属会更加努力地工作,对于一个团队的发展壮大具有积极作用。领导用好"奖励"这根胡萝卜,有利于激发下属的工作热情,对于协调上下间的关系非常重要。

赏罚分明的领导会给人一身正气的感觉,什么事情都按规矩来办,讲原则不讲私情,会让下属的敬佩感油然而生。这样一来,能使下属更加服

跟谁都合得来

从领导，更好地贯彻领导的意志，推动工作顺利开展。

某大型国有企业的出口产品，因设计不合理而出现了重大质量问题，虽然采取了很多补救措施，仍然对后续合同的执行造成了很大影响。事后，该企业及其主管部门仅仅是在要认真汲取经验教训、想方设法弥补此次重大质量问题造成的损失等方面下了不少功夫，而对问题的根源在何处、如何追究事故责任、如何处理相关人员等实质性问题却闭口不谈，员工们议论纷纷。

从这个案例中我们看到，该企业在积极地弥补过失，但是在惩罚责任主体方面没有做出实质行动，这样的做法是难以服众的。员工们议论纷纷的情况，对于该企业的稳定和发展是有一定影响的。无论出于任何原因，如果不对此次事故的相关责任人进行处罚，那么其他人会出于侥幸心理导致类似的事情再次发生，给企业造成重大损失。所以，要把不良影响引导到积极方面，就要正视这个问题，对相关责任人实行相应的处罚。这样一来，不但能使企业上下受到此次事故的警醒，使每个人都在心里告诫自己不要在今后的工作中犯类似的错误，而且会让员工们看在眼里、记在心头，对领导的为人和能力给予肯定，有利于企业大环境的改善。

战国时期，齐威王召见即墨大夫，对他说："自从你到即墨任官，每天都有指责你的话传来。我派人到即墨察看，却是田土丰沃，百姓富足，官府无事，十分安定。后来我知道是你不巴结我的左右内臣，谋求内援的缘故。"遂封赐即墨大夫一万户的俸禄。齐威王又召见阿地大夫，对他说："自从你到阿地镇守，每天都有称赞你的好话传来，但我派人前去阿地察看，只见到处田地荒芜，百姓贫困饥饿。当初赵国攻打鄄地，你不救；卫国夺取薛陵，你不理；于是我知道你用重金买通我的左右近臣，以求替你说好话！"当即下令烹死阿地大夫及替他说好话的左右近臣。于是，臣僚们不敢再弄虚作假，都尽心尽力干实事。齐国因此大治，成为当时最强盛的诸侯国。

齐威王明察秋毫，对于即墨大夫的为人正派和高质量工作给予了充分肯定，并且封赐即墨大夫一万户的俸禄，这样的奖赏不仅是对即墨大夫的肯定和鼓励，也是对榜样力量的运用，其他官员看到齐威王奖赏忠实肯干的人，也想争取成为那样的人。齐威王烹死阿地大夫，让其他官员看到了弄虚作假的严重后果，臣僚们被这样的惩罚吓得毛骨悚然，以后都尽心尽力干实事。可见，善用奖赏、赏罚分明的效果是非常明显的。当领导就要像齐威王一样，对于好的就要给予肯定和奖赏，对于不好的就要进行否定和惩罚，这样才能恩威并重。

在一个单位，对于值得肯定和表扬的行为，要大张旗鼓地大力提倡，从而放大先进典型的积极影响，让所有人都来学习这些对团队发展壮大十分有益的行为。一旦发现那些不值得提倡、给团队发展带来阻碍或者损失的行为时，一定要进行严厉惩罚，如果恶劣的行径逃过了惩罚，将会有更多类似的行为出现。所以，一定要赏罚分明，用好"奖励"这根胡萝卜。

 批评下属，先要稳定你的情绪

领导批评下属是常有的事，但是要懂得控制自己的情绪，更要给下属申辩和解释的机会，否则下属不但不会接受领导的批评，还会对领导产生怨恨。

有的领导一贯是家长作风，对待下属指手画脚、态度蛮横，不容下属

跟谁都合得来

解释就武断做出评价。这种强硬的、不容辩驳的领导作风是以自我为中心，是一票否决的评价和考核模式，说明这个领导并不注重自身素质的开发和提高，也充分暴露了内部管理中的诸多弊端，诸如考核指标不具体、考核标准不公正、人员流失率大、员工队伍不稳定、工作积极性不高等，在这种管理机制的腐化下，团队注定要走下坡路。

当领导批评下属，并希望下属诚心接受批评时，控制自己的情绪非常关键，一定要注意自己的态度，语气尽量要温和友善，这是对下属最起码的尊重。同时要清楚批评是对下属表示关心，批评的目的不是为了追究下属的责任，而在于让下属在错误中成长。伍特将军在这一点上做得非常到位。

当伍特将军的专车驶来时，一名士兵正和女朋友并肩漫步，他没有向长官敬礼，而是假装没看见，蹲下身去系鞋带。

这事发生在1917年秋季，这名士兵是波士顿兵营中两万多名受训士兵中的一员。伍特将军的职责就是把这些刚进军营的新兵训练成精兵良将。

伍特将军会严厉地责备这名懒散而愚蠢的士兵吗？不会。

伍特将军有着独特的带兵方法，他把那名士兵叫过来问："你看见我了吗？"

那名士兵尴尬地小声说："看见了，长官。"

伍特将军接着问："为了不向我敬礼，你故意装作系鞋带的样子，是不是？"

那名士兵只好承认。

伍特将军说："现在我要告诉你，如果我是你的话，一定会对女朋友说：'等一下，看我是怎么让这个老头儿给我敬个礼！'知道吗？"

那名士兵敬了一个礼，尴尬地说："是，长官。"

为了让一名尚不成气的野小子懂得当兵的荣耀，伍特将军用了一个许多人都不太注意的方法，他让士兵把自己当成"笑柄"，为了让这"老头儿"回礼，可以先敬一个礼。这是对待下属错误的正确方式，如果只是一味批评指责，甚至不给下属一个解释的机会，这样的领导无疑是失败的。

销售部李经理气呼呼地对黄金泉说："你这个月的销售业绩怎么这么差呢？你看看人家梁坚，刚来第二个月的业绩就名列榜首。这样下去，你还能做多久销售冠军？"黄金泉正准备解释，李经理就把一叠厚厚的报表扔在了他面前。

"李经理，我想说说原因……"黄金泉很想为自己申辩，但李经理很不耐烦地说："你什么都别说了，回去好好反省吧。再给你一个月时间，如果下个月你不能把业绩提升起来，我就要扣你的年终奖金。"

黄金泉忍着一肚子的委屈走出了销售部经理办公室，心里越想越窝火。自从进入公司以来，黄金泉一直任劳任怨地开发新客户、维护老客户，使公司产品的市场占有率大幅提升，还大大降低了客户投诉率，年年被评为优秀员工。这个月李经理派黄金泉去开发的新市场，虽然目前客户订单不多，但数量依然稳步上升。由于本月发货不及时，所以致使很多客户取消了订单，才导致销售业绩不佳。而梁坚被安排到原有的成熟市场，客户资源稳定充足，客户关系稳固，形势大好，自然业绩优异。黄金泉认为李经理只看表面数字，不问实际情况，心里非常委屈。

很显然，李经理批评下属时没有控制好自己的情绪，一味用指责的语气和蛮横的态度，<u>丝毫不给对方申辩的机会</u>。这种强硬的批评方式根本起不到应有的作用，反而使下属产生逆反心理，甚至会激起上下级之间的矛盾，非常不利于对下属的领导和管理。

批评的目的是让下属从批评中有所收获，有助于下属快速成长。所以，

跟谁都合得来

领导在批评下属的错误时，要先缓解自己心中的怨愤，尽量控制好自己的情绪。下属犯了错，心里也不好受，如果再受到强硬的批评，结果可想而知，这时候一句温和的话语比一腔怒火更有效。

懂得体谅，抚慰下属低落情绪

高明的领导不会忽视下属的感受，明智的领导通常会体谅下属的难处，抚慰下属低落的情绪。

领导的谋划水平和策略方针固然重要，但要使它们成为有效的成果，离不开下属的默默付出。一项好的方针政策，只有经过下属的实践检验，方能产生实际作用。如果领导的业绩是万里长城，那么每个下属的辛勤劳动就是堆积长城的砖块；如果领导是引领航向的船长，那么众多下属就是努力划船的桨手。

高明的领导都知道，未必一定要对下属做非常感人的事情来收买人心，只要一句安慰或一句鼓励，甚至是多一些关注，就可以让下属倍感亲切。美国哈佛大学心理学专家通过实验证明：得到格外关注的下属，工作积极性要比平常高出许多。

美国国家研究委员会组织了以哈佛大学心理学专家埃尔顿·梅奥为首的研究小组进驻西方电器公司的霍桑工厂，想通过改善工作条件、工作环境等外在因素，找到提高劳动生产率的途径。他们选出继电器车间的 6 名女工作为观察对象，在这项实验的 7 个阶段中不断改变照明、工资、休息时间、午餐、环境等因素，希望找到这些外在因素和生产效率的关系。然而，不管外在因素怎么改变，员工的工作积极性并没有受到影响，实验组的生产效率一直在上升。

经过长期的实验和研究，专家们发现真正促使被观察对象改变行为、积极努力工作的原因，是她们觉得自己受到了特别关注。在实验中，当6名女工被抽出来成为一组的时候，她们意识到自己是特殊的群体，是各位专家一直关注的对象。正是这种受到特别关注的感觉使得她们加倍努力工作，以证明她们是优秀的员工，是值得关注的对象。至此，专家意识到：人的行为不仅仅受到外在因素的刺激，更会受到自身主观上的激励。此后，人们把它称为"霍桑效应"。

从上述故事可以发现，员工需要的不仅仅是工资，更需要的是得到关注，得到认可。领导要充分重视下属的作用，否则就有可能使单位的发展受到制约，甚至产生意外损失。

荣俊是一家化妆品公司的领导之一，主要负责化妆品新品研发。平时荣俊很少正眼看下属一眼，而对顶头上司却点头哈腰，显得非常听话。由于荣俊脾气古怪、性情暴躁，每当心情不好的时候就拿下属出气，下属们见到他都不敢说话。

一次，下属龚敏在研发新化妆品中犯了一个小错，一连好几天心情都不好。但荣俊根本不在意，他把龚敏叫到办公室，大声吼道："你是研发团队里的老员工了，怎么连这样的小错都犯，有没有把心思放在工作上啊？"

此时，龚敏的脸色明显表露出其内心的不满，可荣俊丝毫不给她留情面，连珠炮似的说："别以为你是老员工我就稀罕你，不想干了就直说，何必通过故意犯低级错误来发泄呢？"这时龚敏的脸色变得非常沮丧，但是她根本没有机会申辩。

跟谁都合得来

第二天,龚敏没有来上班,同事们都替她感到担心,荣俊却冷言冷语地说:"估计是被我说病了,说不定下午就来了,别管她。"

一周后,龚敏投奔了这家化妆品公司的竞争对手,并且把研发机密全盘托出。半个月后,竞争对手抢先推出了最新产品。公司董事会查明原因后,直接开除了荣俊。

显然,荣俊作为领导不注意下属的感受,一味用怒骂和斥责对待下属,伤害了下属的自尊心,致使龚敏离职并投奔了竞争对手。在这家化妆品公司遭受重大损失以后,荣俊为此付出了沉重的代价。

美国商业偶像第一人李·艾柯卡有一条相当精到的管理经验:员工心情很好,就应当鼓励他积极进取、多做事情;员工情绪欠佳,就不要让他太难堪,否则他或许一辈子也兴奋不起来。只有多体谅下属,更好地了解下属的心情,继而根据下属的状态安排合适的任务,才能保证下属的工作效率。

脸色是心情的"晴雨表",聪明的领导应当多注意下属的脸色,在他们开心快乐时给予表扬和肯定,在他们情绪低落时给予安慰和鼓励。聪明的领导懂得尊重下属,遇事多找下属商量,多听取下属的意见和建议,多考虑下属的需求。

看下属脸色行事,是领导尊重下属的表现,也是领导对下属重要价值的认可。作为领导,抚慰情绪低落的下属必不可少,这有利于下属继续保持乐观和自信,以更出色的成绩来回报团队。

第 12 章

以和为贵,与同事和谐共处

同事既是合作伙伴又是竞争对手,有时候还会出现利益冲突。如果处理不好和同事之间的关系,必将影响到你的本职工作,还会给你的生活增加烦恼和压力。在工作中与同事搞好关系,一定要以和为贵,做到与同事和谐共处。良好的同事关系能让你工作起来更舒心,也更容易获得成功。

跟谁都合得来

 勇敢反击，妙招化解他人陷害

陷害人的招数不计其数，见招拆招的方法也有很多，关键是找到最合适的方法，才能最大限度地减少伤害，这对集体和个人都很有好处。

不管在什么情况下，小人的注意力总会拐弯抹角地转向利益，他们表面上是历尽艰辛为当权者着想，实际上惦记着当权者手上的权力。小人对权力本身并不迷醉，只迷醉权力背后有可能得到的利益。

在现实中，有些人为了利益明争暗斗，甚至拿出阴狠的手段陷害竞争对手，时常让人防不胜防。沉默是对自己的最大不公，爆发又找不到坑害自己的对象，所以很多人面对他人的陷害时，显得非常矛盾和苦闷。面对他人的陷害，即使你不知道那个人是谁，也不能保持沉默，让自己背负耻辱。

某公司近期准备裁员，办公室里人人自危。一天，华薇吃完午饭回到办公桌前，发现有人在她电脑上打开了一个色情网页，她随手就将之关闭了。令华薇万万没想到的是，第二天上班的时候，整个公司竟然传开了她上班时间看色情网页的谣言。面对这种恶意中伤，性格内向的华薇不知如何是好，最后忍痛辞职，还背负恶名。

与华薇相比，同一个办公室的萨珊就勇敢多了。一天早上，主管将萨珊叫进办公室，口气非常严厉地说他丢了一份非常重要的文件，后来发现这份文件一半在垃圾桶里面，另一半在萨珊的抽屉里。

这时候，萨珊愤怒了，她说："首先，我根本没有窃取重要文件的时间和动机，这分明是有人想陷害我；再说了，你有什么权力翻我的抽屉？"这番强有力的回击，让主管顿时面红耳赤。最后，萨珊不仅没有被炒掉，反而让陷害她的人畏惧三分。

在上述故事中，华薇过于柔弱，所以当别人陷害她的时候，她只能用忍辱和逃避来面对；萨珊摆出自卫的架势，郑重警告暗中捣鬼的人，反而让陷害她的人畏惧三分。面对他人陷害，不同的处理方式会产生不一样的效果。

身在职场，陷害同事是小人行径。当你遇到这样的小人时，不要一直忍辱沉默，应该找准时机据理力争，就像一只刺猬平时不会主动伤人，遇到危险时就会亮出尖锐的刺，有时候这是一种有效的自我保护方式，让那些企图陷害你的人不敢轻举妄动！

面对他人的陷害，处理方式很重要。有的人遇到陷害时，忍不住大发雷霆，但是效果并不理想，有时还会伤及无辜。这时候，不妨运用一些智慧妙招来化解陷害。

汶隽和杨柳是好朋友，两人同时进入一家广告公司。在工作中，两人相互帮助，充分体现了友谊与协作。

一次，汶隽将一个很满意的策划交给部门经理，谁知第二天部门经理对她说："我一直很看重你的才华横溢和敬业精神，没有好的策划方案不

跟谁都合得来

要紧，但是不能抄袭其他同事的创意吧。"部门经理递给汶隽一份策划书，竟然与她的策划方案大同小异，策划人正是杨柳。面对部门经理的不满和好朋友的背叛，汶隽顿时无言以对，因为她拿不出证据证明自己的清白。

后来，在为一个重大广告项目做策划时，汶隽拿出了A、B两套策划方案，表面上还是由杨柳帮着做A策划书，实际上她已把B策划书做好并上交，还请部门经理配合先不要说出去。几天后，杨柳交上了一份和A策划书非常相似的策划方案，部门经理知道真相后非常生气，不久就将杨柳辞退了。

当你遇到他人陷害时，能否像汶隽一样机智呢？在损失减少到最低的前提下，找到足以说明问题的证据，才能澄清陷害背后的真相。当汶隽面对自己的策划方案被杨柳抄袭，反而被部门经理误认为是她抄袭了杨柳的策划方案时，在拿不出证据的情况下，先隐忍不发，再借机洗冤，是最明智的做法。

冷淡同事，未来的路举步维艰

冷淡同事，"受冻"的将是你自己，把藏在心底的话都说出来，有利于消除彼此间误会和矛盾，加深同事之间的感情链接，促进工作顺利开展。

经常与同事进行良好的沟通，有利于形成融洽的同事关系，才能使你的工作更加顺畅。如果你因为一些私事不开心，又不愿意对同事说，一副冷若冰霜的样子，那么同事就会逐渐疏远你。如果你真的对某位同事有意见而故意对其冷淡，同事也会因此对你冷淡，"受冻"的还是你自己。有意见就和同事进行坦诚的沟通，可以尽快化解矛盾、增进感情，重构良好的人际关系。

刚刚大学毕业的冯雯满怀热情和雄心，进入一家商贸公司准备大干一番，没想到很快就遭遇了人际关系问题的困扰。

同事们每天忙忙碌碌，对冯雯这个职场新人的态度很冷淡。即使冯雯主动打招呼，不少同事的反应也是冷冰冰的，甚至有的人假装没看见。自讨没趣的冯雯感到非常尴尬，在激烈的思想斗争中迷失了方向，久而久之感到身心疲惫，工作也渐渐没有了当初的激情。后来，冯雯向闺蜜倾诉了她的苦恼，并得到了闺蜜的悉心指点，她开始逐步改善与同事的关系。

冯雯经常买些吃的和同事们一起分享，有什么不明白的问题就虚心请教，别人需要帮助时主动伸出援手。后来，同事们在和接冯雯触时没有了冰冷的表情，而是洋溢着温暖的笑容。人际关系问题解决了，冯雯工作起来顺心多了，接连取得了优异的业绩。

也许是工作压力太大，也许是一开始的沟通不到位，同事们对于职场新人冯雯的做法都是欠妥的，每个人在遇到类似情况时都会像冯雯一样苦恼。当你对同事冷漠时，同事也会这样来对你，你的人际关系就会陷入僵化，最终影响你的事业发展。

孙晖和白莉在同一个办公室，孙晖是刚毕业不久的职场新人，白莉已经工作了五年，起初两人的关系还不错。后来，孙晖发现领导对白莉的态度不太好，可能是因为她工作不努力的缘故。领导对孙晖的态度一直很好，夸奖她是可塑之材，但她并没有什么谄媚之举，只是对本职工作认真负责，有不懂的地方就虚心请教。

由于心态失衡，白莉对孙晖的态度越来越冷淡，从无话不谈变得几乎形同陌路，两个人在工作上经常出现不合拍的现象，严重影响了工作成效。

跟谁都合得来

直到后来孙晖主动找白莉谈心，才化解了彼此之间的误会。

也许是白莉得不到赏识，内心有些许的挫败感，她对孙晖的冷漠态度让两个人的关系从好变坏，严重影响了工作成效，非常得不偿失。我们应该像孙晖一样，发现问题主动沟通不耽搁，因为时间一长的话误会就会加深，就真的变成矛盾了，俗话说"夜长梦多，迟则生变"。

在职场上，每个人都要调整好心态，不能看谁不顺眼就对谁冷淡。明知同事对自己有意见，也要若无其事地友好交往，然后通过观察去了解问题症结所在，并主动进行深入的沟通，从而化解彼此之间的矛盾。对一个人冷淡会让对方感到敌意，总把事情憋在心里也很难受，不妨约在一个轻松的场所，打开天窗说亮话。

恪守本职，尽职但不越俎代庖

职场上要各司其职，认真做好自己的本职工作，不要随便插手同事的工作，或者代替同事干工作。

作为一名员工，也许你学识渊博，也许你才华横溢，但最重要的是做好本职工作。有些人很喜欢炫耀自己，经常放着手头的事情不做，争着抢着去做别人应该做的事情。这类人有的是想借机炫耀自己的能力，有的是想通过帮助他人搞好人际关系。想炫耀自己的人当然会招来别人的反感，因为别人正在受到无形的贬低；极度热情的人在完成别人的工作时，往往也剥夺了别人展现才能的机会。所以，职场上要各司其职，不能随便插手同事的工作。

老陈退休在家有几年了，为了一家人的生活，他奔波忙碌了大半辈子，可刚过了几年清闲日子，孙子小陈大学毕业后一直找不到合适的工作，他心里很着急。为了给孙子尽快解决工作问题，老陈经常去人才市场帮忙找工作。有一次，祖孙三代一起参加招聘会，小陈耐不住性子就到别处转悠了，老陈和儿子四处搜罗招聘信息，并把小陈的简历投给了一家中意的用人单位。招聘人员觉得小陈的条件还可以，但是提醒他们孩子的事情让孩子自己解决，家长不要跟着凑热闹。

老陈想快点解决孙子小陈的工作问题很正常，但是他和儿子到人才市场为小陈投递简历就越俎代庖了。祖孙三代出现在招聘会上，虽然体现了长辈对孩子的关爱，但也是在给孩子帮倒忙，因为这不但不能锻炼孩子适应社会的能力，而且大多数招聘单位见到有父母或长辈陪伴的年轻人来应聘，都会在第一印象上大打折扣。同样的道理，很多人看到职场新人完成一些工作非常吃力时就会主动代替其完成，这样做虽然能解燃眉之急，却没能给职场新人一个锻炼自己、提升自己的机会。如果你发现同事出现了工作吃力的情况，可以口头上给予提醒或者鼓励，但是不能直接插手同事的工作，做好自己的本职工作就可以了。

三皇五帝时期，有一位杰出的领袖叫尧，在他的领导下，人民安居乐业。尧是一个很谦虚的人，当他听说隐士许由很有才能时，就想把领导权交给许由。尧对许由说："日月出来之后还不熄灭烛火，它和日月比起光亮来，不是太没有意义了吗？及时雨普降之后还去灌溉，对于润泽禾苗不是徒劳吗？如果由你担任领袖，一定会把天下治理得更好，我占着这个位置还有什么意思呢？我觉得很惭愧，请允许我把天下交给你来治理。"许由说："您治理天下，已经治理得很好了。如果我来代替你，不是沽名钓誉吗？我现在自食其力，要那些虚名干什么？鹪鹩在森林里筑巢，也不过

跟谁都合得来

占一根树枝；鼹鼠喝黄河里的水，不过喝饱自己的肚皮。天下对我又有什么用呢？算了吧，即便厨师不做祭祀用的饭菜，管祭祀的人也不能越位来代替他下厨房做菜。"

上面这个传说故事告诫我们要认真做好本职工作，不要犯越俎代庖的毛病。在日常工作中，如果你由于精力过盛去做同事的工作，做得好了同事不会说什么，最多是客气地向你表示感谢，但是做坏了不仅会帮倒忙，给同事带来麻烦，还要背上"多管闲事"的骂名。在同事需要帮助并请你帮忙时再出手，否则就用善意的语言表示鼓励，这样不但能博得同事的好感，还会对你的好意心存感激。

展露才华，适度之外切忌争功

和同事争功不但会使你的人际关系遭到破坏，而且会使领导对你的人品产生怀疑，甚至导致千辛万苦付诸东流，带来不必要的损失。

一个人要想在职场上谋求好的发展，就要让人知道你有真本领。展露才华是好事，可以让领导对你有一个全新的了解，可以让你获得更多施展才能的机会。展露才华的时候要注意方式，可以将已经取得的成绩展示给领导看，但是不要和同事争功劳。

小青和小梅是一家商贸公司的得力干将，小青辛辛苦苦写好的报告在送交老板之前，特意请小梅帮忙检查一遍，结果小梅把小青准备好的材料重新打印一份，签上她的名字以后直接交给了老板。老板看完报告后说数据不对，小梅顿时哑口无言，原来是小青故意修改了部分数据，让最终结果不相符。小梅平时总抢小青的功劳,而小青的解决办法就是比她快。客户发给她们的邮件,小青总比小梅回得快,让小梅没有办法得逞。

一个人辛辛苦苦换来的工作成果,瞬间就被别人占为己有,无论是谁都会感到心理不平衡。在平时的工作中,我们要尽量展现自己的才华,但是不能去抢同事的功劳。在这里要特别推荐小青的博弈方法,小梅总是抢她的功劳,她没有兴师问罪,而是用请君入瓮的办法让小梅无地自容。小青工作积极、兢兢业业,所以能不断刷新业绩。

浩波和锦源同时进入一家单位,锦源表现得非常积极,有什么工作都大包大揽,包括属于浩波分内的工作。原本是两个人共同负责的项目,可锦源几乎独自一人承担,在向领导汇报工作时口若悬河,根本不给浩波开口说话的机会。浩波比较内向,锦源比较外向,相比之下浩波黯然失色。实在没办法了,浩波就去找部门主管诉苦。

浩波没说锦源抢了他的成长机会,而是从正面说锦源工作非常积极,所以总是争取做更多事情。这种积极向上的精神值得嘉许,可是造成自己的工作量变得很少,无事可做的时间很多,所以请领导给调整到新的工作岗位。因为他也想多做一些事情,学习更多专业技能,积累更多工作经验。部门主管查明事实真相后,对锦源的工作方法进行了批评教育。

锦源毫不客气地将两个人共同负责的项目由他一个人做,功劳由他一个人独占。浩波的内心肯定很不是滋味,他处理这件事情的方式值得肯定。在日常工作中,为了不给同事增添烦恼,也不给自己找麻烦,还是不要与同事争功为妙。

在同事取得成绩时,即使你很羡慕人家,也不能心生嫉妒去抢功,正确的做法是激励自己加倍努力,把别人当成自己学习的榜样,赢得别人的敬佩和祝福。你在别人取得成绩时送上衷心祝福,后来又通过不懈努力取

跟谁都合得来

得更加优异的成绩,不但会使你的能力得到广泛认可,而且也以实际行动营造出了一种你追我赶、公平竞争的良好氛围,有助于整个团体的快速发展与进步。

崇尚和谐,巧妙化解同事矛盾

职场上要以和为贵,积极化解同事之间的矛盾,营造和谐融洽的工作氛围。

人与人之间出现矛盾很正常,但是很多人往往不能理性地面对矛盾,不是把注意力放到怎样才能保住自己的面子,怎样才能证明自己是对的、对方是错的。如此一来,人们就不会想着怎么解决矛盾,而是为一些没有意义的问题争论不休。矛盾在争论中只会继续加剧,阻碍和破坏顺畅的人际关系。所以,当矛盾产生时,不要急于争辩,要理性地分析,巧妙地化解。同事之间要以和为贵,及早化解矛盾可以维护和谐的人际关系,可以营造良好的工作氛围,无论对于个人还是组织都是有益的。

一位40多岁的女士在一家出版公司工作了10年之后面临失业,她的位置被一个年轻的男同事取代,而后者对她表现得十分冷酷,极度缺乏同情心。这位女士十分痛苦,幸好多年的好友和熟人慷慨地为她出谋划策,很快就找到了一份相当不错的工作,在一家规模虽小却实力很强的图书公司担任总编。两年以后,这位女士先前所在的那家出版公司倒闭了,曾经顶替她位置的那个年轻人沦落到要在她门下谋生。这位女士明确表示她和那个先得意后失意的年轻人势不两立,她要让那个年轻人也尝尝痛苦的滋味，于是干脆拒绝了他的求职请求。

人生就是这么充满戏剧性，在这位女士走出人生低谷，重新开始另一段职业生涯以后，昔日的顶替者沦落为她眼前的求职者，报复心理驱使着她要让对方也痛苦一番。俗话说"冤冤相报何时了"，你伤害我、我报复你的恶性循环是没有止境的，最终的结果必然是两败俱伤。如果当初那个顶替者多一些关心，或者这位女士不计前嫌，结果就会大不一样。所以，人在职场要以和为贵，不论遇到什么样的矛盾，都要用一颗善良真诚的心去宽容对方，矛盾自然而然就会得到化解。

陈彬和秦力是同一家保险公司的客户经理，两个人的业务水平都很高，但是陈彬的工作业绩总是比秦力高出一大截，这让秦力心里很不痛快，甚至对陈彬产生敌意。秦力会抓住陈彬的工作失误冷嘲热讽，或者经常莫名其妙地给陈彬出难题，陈彬也慢慢觉察到了秦力的敌意，于是主动约他一起吃饭。通过工作之外的多次接触，秦力了解到陈彬家境很差，不得不努力赚钱供养家里的弟弟妹妹上学。面对陈彬的坦诚相待，秦力彻底释然了，他们冰释前嫌，矛盾被化解了。

从故事中可以看出陈彬是一个宽容大度的人，主动化解他和秦力的矛盾，使同事之间的关系变得融洽，值得我们学习和借鉴。在觉察到同事的敌意时，一定要和对方进行良好的沟通，这样才能化解彼此之间的矛盾。如果你选择与其较劲，那么你们之间的矛盾会日益加深，这样不但影响正常的同事关系，也会影响到工作的顺利进行。所以，不妨像陈彬一样，用真心融化矛盾，与同事和谐相处。

同事之间产生矛盾的原因有很多，化解矛盾的方法也很多，只要你用心去寻找，那么矛盾终将被化解。当矛盾产生时，首先要理性地分析原因，发现产生矛盾的症结所在，然后积极采取直接的或间接的办法，达到沟通

跟谁都合得来

化解矛盾的目的。这样一来，同事之间的感情就会加深，同事关系自然和谐融洽，工作起来也会充满激情。

顾全大局，尊重你讨厌的同事

私底下我们可以喜欢或者讨厌一个人，但工作时就要抛开私人情感，把重点放在工作上，一切以大局为重。即使是你很讨厌的同事，也要给予足够的尊重。

人们乐于接近自己喜欢的人，对于讨厌的人则会有意避开，或者表情非常冷漠。在职场上，与你讨厌的同事相处时，一定不要将你的厌烦之情挂在脸上，而是要顾全大局、公私分明，尊重你讨厌的同事。

杨帆原本在执行部干得一直很好，直到遇上了一个让她反感的同事。客户部的沈茹是名牌大学毕业生，一向张扬得不得了，但是老板很看好她，迅速将她提拔为客户部经理，是杨帆要经常合作的搭档。沈茹自从当上客户部经理就更加目中无人，她总是找出各种理由给杨帆的工作挑毛病，这让杨帆觉得她费尽心思做出来的成绩，在沈茹眼里根本就没什么了不起。为此，杨帆经常去总监那里投诉，但是总监并不支持杨帆的抗议，而是要求杨帆和沈茹通力合作："沈茹是很张扬，但是她的工作能力很不错，也有你需要学习的地方。"听了总监的话，杨帆开始对沈茹变得友善了，甚至主动提出和她共进午餐。沈茹也不再一针见血地给杨帆挑刺，而是经常提醒杨帆需要特别注意的各种事项。虽然她们不可能成为很好的朋友，但是最起码不会再发生重大冲突事件了。

杨帆与沈茹由刚开始的严重对立到后来的相互配合，离不开彼此的宽容和谅解。杨帆虽然不喜欢沈茹，但是工作和私情毕竟要分开，况且沈茹的工作能力得到了领导层的认可，所以杨帆主动改善与沈茹的同事关系，这种顾全大局的做法是对的。沟通虽然不是万能的，但作用绝对是明显的，容忍和礼让会让对方觉得你很识大体、很有气量，出格的行为自然会有所收敛。所以，不要和你讨厌的同事像仇人一样见面就眼红，即便不能像知心朋友一样亲密无间，也需要努力去建立可以沟通的良好关系。

徐铎是一名普通职员，他为人正直、表里如一，对笑里藏刀的同事很厌烦。有时候徐铎真想当面斥责那些当面一套、背后一套的家伙，但是这样的想法被他的一个朋友坚决制止了。这位朋友帮徐铎分析了各种利弊，建议他与笑里藏刀的同事在工作中减少摩擦，私下里保持距离。

徐铎的想法明显有些冲动，幸好在朋友的劝阻下没有施行，如果他当面斥责笑里藏刀的同事，不但不会把他们改变成像他一样的人，而且很可能会使笑里藏刀的同事寻找机会报复他。为了整个团队又好又快地发展，我们必须抛弃对一些人的成见，大家以和为贵、和睦相处，才能营造一个团结奋进的大环境。

当你遇到不喜欢的同事时，不要一开始就妄下定论，毫不客气地给别人提意见，只会让别人察觉到你的厌烦，不利于今后开展工作。你要保持一个相对较低的姿态，无声无息地细心观察和发现对方的优点，然后针对优点进行有针对性的沟通。这样一来，对方会发现你很有风度，懂得欣赏别人的长处，从而对你产生好感，如此不但避免发生冲突，还能拉近彼此之间的距离。

跟谁都合得来

❀ 大局为重,坚决不搞"小团体"

"小团体"会影响到个人的长远发展,对于组织来说则是图小利而失大义,最终会影响到大团结,所以要远离"小团体"。

职场上经常会出现几个有着共同利益的人结成我们常说的"小团体",这些人在组织内部秘密谋划着各种策略来维护和争取更多的利益。"小团体"是一种不正常的现象,组成人员只顾局部利益、不顾全局利益,致使工作团队不能团结一心,处于分裂状态。有这样的"小团体"存在,一个单位怎么可能快速向前发展?所以,有事要摆明,大家一起商量,不要搞小团体。

经过数年职场奋斗,席琳跳槽到广州一家外资化妆品公司当市场部副经理,本以为凭借着丰富的工作经验和专业水平能在新公司有一番大作为,可是没过多久她便发现并没有想象的那么简单。部门里同事之间的关系很微妙,一些人结成了一个"小团体",首脑就是她的搭档、市场部的另一名副经理,这让她感到很为难。

席琳做事非常坚持原则,因此而得罪了以另一位副经理为首的"小团体"。最近,席琳在一项重大发展计划的竞争中败下阵来,公司采用了市场部另一名副经理的计划,原因就在于本部门大多数人都投票支持那名副经理。对于这个结果,席琳既惊讶又愤怒,她的学历、资历、业绩等都占明显优势,更重要的是她的方案确实比那名副经理的计划更加可行。

席琳以前一直觉得外企是凭真本事吃饭的,只要干出成绩就可以得到同事的认可与领导的赏识，没想到偏偏遇上"小团体"问题，想要大展身手真是难上加难。

因为"小团体"的阻碍，席琳未能得到重用，这是对高级人才的浪费。因为"小团体"作祟，好的方案反而落选，这是对优秀资源的浪费。雄心勃勃的席琳刚跳槽就遭遇"小团体"，事业上举步维艰，着实让人无奈。在职场上，发现"小团体"时要注意细心观察，把"小团体"的人员构成和具体情况摸清楚，再结合大环境做出理性的分析，然后制定一套应对方案，既不被"小团体"影响，又能保持独立性，要想避免麻烦，就得远离"小团体"。

王凯威是一位职场新人，他深知老员工会存心排斥新人，所以学会了"恭敬不如从命"，始终坚持少说话、多做事。看到部门里存在"小团体"，王凯威选择了小心翼翼绕行，既不得罪别人，也不惹麻烦，只过了一年时间就获得了升迁机会。

"小团体"的结局一般都不会很好，比如新人加入"小团体"以后得不到领导的信任。领导很希望新人能尽快融入团队，与所有的同事精诚团结，而新人加入"小团体"后往往不服从领导，个人主义快速上升，对组织发展的危害颇深。"小团体"发展到一定程度，必将引起领导的高度警惕，并且采取强制手段瓦解"小团体"，比如辞退一些干部或员工，对某些人进行降职、罚薪等处罚。一个组织的"小团体"往往会有意针对那些锋芒毕露的人，而你一直保持低调，相对于"小团体"就是弱势人群，就不会引起太多的注意，也不会成为迫害对象。

跟谁都合得来

逆境成才,感谢制造困难的人

人生在世,总要经受各种折磨,承受各种苦难。这些磨难对你而言并不全是消极的,它们也能促进你更快成长,这对你的意义绝对是正面的。

俗话说"逆境出人才",人生之路不可能一帆风顺,它需要承受各种挫折和苦难的磨砺。成功之路往往是曲折的,上面或许布满了荆棘,刚踩上去虽然会很疼,但是过一段时间后就会发现你前进的速度越来越快,那是因为你的脚底已经长出了厚厚的茧子,足以保护你的脚不被荆棘刺破,即使是走在荆棘丛生的路上,你也能够像在平地上走路一样快。一个人的成功离不开自己的努力、亲人的支持、朋友的帮助,也离不开不断制造困难的人的折磨,一个人只有经历了苦难才能生出战胜苦难的本领和意志。所以,请感谢曾经折磨你的人,给你不断制造困难的人,正是他们给了你奋勇前进的动力。

张靖耘刚参加工作时很努力,接到上级的命令就马上行动起来,因此得到了领导多次表扬,但他出色的表现却让一些同事非常嫉妒。

有一天,张靖耘上班时发现他的办公室乱七八糟的,可他明明记得前一天走的时候都是整整齐齐的。后来,张靖耘打听到这是一个同事故意所为,当时他并没有往心里去,也没有斤斤计较,依旧每天做自己应该做的事。总经理想提拔张靖耘做部门主管,但是那个部门已经有代理主管了,这件事就暂时搁置了。代理主管知道总经理有意要提拔张靖耘,就经常让张靖耘做工作以外的事情,还经常在背后说张靖耘的坏话,然而张靖耘却深刻认识到自身的不足，更加努力地工作。

张靖耘坚持每天做很多事情，不仅工作上积极上进，也不忘提升专业素质，一年后终于有机会让他大放光彩。那天，总经理要为企业做推广宣传，需要征集每个人的创意，经过一轮又一轮的筛选，最终采纳了张靖耘的方案。推广方案实施以后吸引了不少顾客，也为公司带来了高额的利润，总经理更加看重张靖耘了。

张靖耘的成功是必然的，虽然一开始就有同事嫉妒他，连代理主管也唯恐他威胁到自己的位置而处处为难他，但是他并没有一蹶不振或者做出冲动的行为。因为张靖耘知道：当一个人的力量不够强大时，只有化悲痛为力量，把别人的折磨转化为前进的动力才能更快取得成功，而他也确实等到了大显身手的好机会，从此扬眉吐气。

动物学家对羚羊做了一些调查后发现：处于非洲奥兰治河东岸的羚羊总是比西岸的羚羊长得强壮，原因是东岸的羚羊有一群并不友好的邻居——狼。狼是羚羊的天敌，狼群每天的袭击使得东岸的羚羊感受到了极大的恐惧和折磨，它们为了生存而不得不时刻提高警惕，并且使自身变得更强大。也正因为这样，东岸的羚羊才得以生存壮大。

在职场上，难免会遇到为难你的人，有的人在背后说你的坏话，有的人经常搬弄是非、信口雌黄。这些行径的确很让人气愤，但是换个角度去想，他们虽然在你前进的道路上制造了阻碍，给你增添了挫折和折磨，但也正是这些苦难磨炼了你的身心，使你变得更强大。20世纪法国著名思想家、文学家、批判现实主义作家罗曼·罗兰说过："只有把抱怨别人和环境的心情化为前进的力量，才是成功的保证。"的确，应该感谢那些曾经折磨你的人，是他们让你在艰难的道路上勇敢地走下去，不惧折磨的人才能更快地成长。

跟谁都合得来

生命成长是一次次华丽蜕变的过程，就像毛毛虫破茧而出才能化身美丽的蝴蝶，唯有经历各种各样的磨难，你的人生才能更精彩。当你成功时回想一下，你会感谢那些曾经折磨过你的人，是他们让你得到成长。不管他们的折磨是善意的还是恶意的都要表示感谢，他们在折磨你的同时也成全了你，使你变得成熟而且更加成功！